经济学学术前沿书系

ZHONGGUO TIELU CHANYE
GUIZHI GAIGE YANJIU

中国铁路产业规制改革研究

张然 著

经济日报出版社

图书在版编目（CIP）数据

中国铁路产业规制改革研究 / 张然著. -- 北京：经济日报出版社，2020. 8

ISBN 978 - 7 - 5196 - 0710 - 4

Ⅰ. ①中… Ⅱ. ①张… Ⅲ. ①铁路运输业 - 经济体制改革 - 研究 - 中国 Ⅳ. ①F532. 1

中国版本图书馆 CIP 数据核字（2020）第 164920 号

中国铁路产业规制改革研究

作　　者	张　然
责任编辑	陈　芬
助理编辑	陈礼滟
责任校对	姚歆烨
出版发行	经济日报出版社
地　　址	北京市西城区白纸坊东街 2 号 A 座综合楼 710（邮政编码：100054）
电　　话	010 - 63567684（总编室）
	010 - 63584556（财经编辑部）
	010 - 63567687（企业与企业家史编辑部）
	010 - 63567683（经济与管理学术编辑部）
	010 - 63538621　63567692（发行部）
网　　址	www. edpbook. com. cn
E - mail	edpbook@ 126. com
经　　销	全国新华书店
印　　刷	北京建宏印刷有限公司
开　　本	710 × 1000 毫米　1/16
印　　张	12. 25
字　　数	165 千字
版　　次	2020 年 9 月第 1 版
印　　次	2020 年 9 月第 1 次印刷
书　　号	ISBN 978 - 7 - 5196 - 0710 - 4
定　　价	49. 00 元

序　言

西方经济学者关注政府规制问题始于19世纪40、50年代，至20世纪70年代蔚为大观，学科体系基本形成，产生了一批有影响的学术研究成果与一批在学界与政界有影响力的经济学家。政府规制（Government Regulation）的实践由来已久。可以说，人类社会不曾存在一个完全不干预市场交易的国家或者政府。自从有了市场交换就随之产生了政府规制。追溯到古罗马时代，元老院为了实现社会公平，可以否认买卖双方自由协商形成的“自然价格”，重新制定“公平价格”。政府干预市场交易行为，此种做法自政府产生时即存在，其内含的逻辑及其正当性是这样的：政府代表公共利益，同时拥有公众认可的公共权力，政府为了公共利益可以通过公共权力干预市场主体的行为。亚当·斯密在现代意义上首次界定了政府行使这种公共权力的界限，但实际生活中，政府越界干预是常态。规制经济学将政府的行政干预纳入现代经济学的分析范畴，通过数学工具分析的慎密性阐释规制的经济效果，以及过度规制与不当规制对经济带来的负面影响，以期通过人们所共知的经济学常识告诫政府部门及其行政官员，审慎地行使干预市场的行政权力，在自由市场面前保持行政权威的谦抑性。虽然现代意义的规制在不同文献和经济学家那里都有不同的解释，但是政府规制这一古老的逻辑仍然得到继承和延伸。人类社会每遇到一次经济危机，政府规制的呼声与救济措施畅行其道，受到社会广泛支持，但政府救场之后又留下一地鸡毛。20世纪30年代的经济大萧条呈现了市场失灵给整个社会造成的破坏与凄惨场景，打破了亚当·斯密理论构造的完美市场机制的神话，凯恩斯的政府干预理论随之而起，但清醒的西方政治家对政府的过度规制也持批评态度，里根总统就对政府的规制保持警惕："政府常常是问题的制造者而不是解决者。"他对美国政府在历次经济危机后出台的干预措施不以为然，上台之后与英国首相撒切尔夫人共同推行放松规制政策，使英美两国的经济出现一段时间的繁荣景象。人类进入工业社会以来，市场与政府的关系问题长期困扰政治学家与经济学家，好像人类的现有智慧似乎不能完美解决二者的关系问题，二者之间的张力永远存在，在不同的国家以及在同一个国家的不同经济发展阶段与发展状况，二者之间的边界在不断地移动，最佳的均衡点在哪里，估计上帝也不清楚。人类社会恐怕永远处于市场失灵与政府失灵相伴相生的状态，如果政府力量对市场缺陷不予有效纠正，市场力量将犹如不受约束的洪水猛兽，不但会使国家经济体系走向崩溃，也将对社会福利体系带来冲击，引起社会动荡和结构变迁。但是如果政府的干预权力信马由缰，不受市场与政治结构内部的权力制约，也会给国家带来灾难，当今世界一些国家由盛而衰，由富变贫，由强变弱，肯定不是因为市场机制没有充分发挥的结果。在总结人类文明成果的基础上，中国共产党提出"使市场在资源配置中起决定作用和更好地发挥政府作用"这一辩证思维与辩证方法，可能是破解市场和政府关系魔咒的有效方案。

毫无疑问，现代社会政府规制有其普遍性与合理性。正式或非正式的各种规制规则渗透在市场体系运转的血脉之中，在市场力量无法达到的地方或者市场失灵可能会对整个社会的福利造成损害的情况下，政府规制之手就显现了。政府行使公共权力介人市场，干预企业与消费者行为，从而使市场主体能够按照政府规制意图运行，达到政府通过规制实现社会正义的目的。通过政府力量来调整市场垄断势力、减少负外部性、提供公共产品、保护信息弱势一方的利益、维护正常市场竞争秩序，这是现今社会政府规制的正当理由，也是政府规制的作用与功能所在。

现代社会的复杂程度给政府的治理带来了困难，政府规制需要持续不断的改革与创新。规制规则很重要，"制定规则的规则"更重要，否则，政府规制也会产生政府失灵的后果，使政府规制的目标南辕北辙。一方面，政府规制机构可能为规制对象所俘获，带来权力的腐败；另一方面，好的政府也会

“好心办坏事”，很多时候规制所获得收益远远低于成本，这是明显的得不偿失，整个规制领域普遍为规制悖论所累：规制策略在所造成的效果与其所追求的目的完全相反，在这一意义上政府规制是自我挫败的。除了政府失灵之外，科技进步与市场发展，也会改变一些自然垄断产业的边界和属性，使之转变为自由竞争产业，在此情况下，政府不适时取消产业规制会带来与政策目标适得其反的结果。政府规制甚至能使一个国家的经济和社会生活陷入前所未有的“滞涨危机”，所以，无论是在经济绩效方面还是社会绩效方面，政府规制改革对市场结构、企业行为、市场绩效、消费者利益和资源配置效率等都有深远的积极影响。

“一张一弛”是规制改革的一个发展趋势。在经济性规制领域，政府规制呈现出全球性的放松趋势；在社会性规制领域，政府规制则成逐渐加强的趋势。反垄断规制致力于维护市场公平竞争，通过形成可竞争市场，来保证市场开放性和价格机制合理性，保证市场竞争不受垄断行为的腐蚀，保证在一定垄断结构下竞争机制能够持续推动市场的繁荣和发展，保证带给消费者最直接的发展福利。与此相反，社会领域里的规制则成逐渐加强趋势，在食品安全、环境保护、医疗卫生、工作安防、产品质量等社会领域里频频发生的问题，进一步引起了各国政府的重视，各项更加严厉的规制措施不断出台。而且，食品、饮料、药品、医疗器械、农产品等，通过国际贸易，由生产国流向消费国，这些产品的安全问题日益成为国与国关系的引爆点，产生很大的国际影响，有些产品与服务的标准日益国际化，由国内政府规制走向国际社会的共同规制。

自然垄断行业的规制改革和创新一直是各国规制改革的难点。自然垄断虽与市场失灵相关，但是具有一定的经济合理性，对其规制争议不大并且也不能用反垄断规制来完全消除。在增加效率的垄断和损害效率的垄断之间很难作出区分，许多损害效率的垄断恰恰是在增强效率的借口之下作出的，政府有时是以自然垄断为由对不属于自然垄断的行业施加进入规制。如果不论何种原因就认为垄断天生就会导致低效率，从而一律反对之，这显然是谬误；

另外，既然是反垄断行为，行政性垄断行为也就不应豁免，行政性垄断是对市场秩序的最大威胁，它使市场本应具有的资源高效配置功能和公平竞争环境受到损害和削弱，使得闲置资源不再按照效率原则而按权力规则进行配置，人为造成市场失灵。所以，反垄断规制的基本思路就是要剔除行政垄断、限制经济垄断、培育有效竞争的市场结构。

改革开放40多年来，我国政府对电信、电力、铁路、民航四大自然垄断产业持续进行了规制改革，主要涉及改革的内容包含管理体制改革、规制方式改革、价格规制改革等，虽然包括放松进入规制在内的多项规制改革的实施很好地促进了这些产业的发展，也给消费者带来了更多的福利，但总体而言，我国的规制改革战略性设计仍有巨大的优化空间，具有一定的偶然性、非连续性、不彻底性、反复性等特征，既有的规制改革措施及其规制改革效果为深化我国自然垄断行业的规制改革提供了有益的经验，规制改革存在的问题与失误也为进一步的改革提供了规训。自然垄断行业是我国政府列入国计民生的重要产业领域，既关乎国家的经济安全，也与人民群众的切身利益息息相关。囿于原有计划经济体制的惯性，行政垄断形成的行业与产业壁垒，自然垄断行业的改革一直是我国经济体制改革的堡垒与难啃的硬骨头，基于世界发达国家自然垄断产业改革的经验，改革的目标是明确的，那就是降低成本，提升效益，改进服务，为人民群众提供高质量的产品与服务。改革的路径与方法虽然要考虑我国的国情，但不能与自然垄断产业的属性与产业的发展与演变规律违背。在当前经济增长趋缓，政府财政收入下降，日益增长的自然垄断行业的财政补贴必然成为我国地方政府沉重的经济负担，彰显了我国自然垄断行为规制改革的紧迫性与现实性。

铁路规制改革不但是中国四大自然垄断产业最难啃的一块硬骨头，也是一个世界性的改革难题。发达国家关于铁路规制改革已有一些成功经验，但每种方案也存在重大不足，欧美主要有三种改革模式：一是美国的平等线竞争模式，二是欧洲的网运分离模式，三是日本的区域一体化公司经营模式，各种模式都体现所在国家与地区的特点。应该说，寻求各方都接受的、完美的规制改革模式是不现实的。按照我国自然垄断行业规制改革的模式与步骤，首先应该进行政企分开改革，保证规制机构能够严格执法，使铁路经营者成为具有独立法人的市场经营者，自负盈亏，自主经营。如果一个产业系统是规制主体、投资主体、经营主体的“三位一体”模式，那极容易发展成为“与世隔绝”的独立王国。2013 年 3 月 14 日，第十二届全国人民代表大会第一次会议通过关于国务院机构改革和职能转变方案的决定，决定对我国的铁路规制体制进行重大改革，实行铁路政企分开，对原来的超级部门铁道部的职能进行了分解，将铁道部拟订铁路发展规划和政策的行政职责划入交通运输部。交通运输部统筹规划铁路、公路、水路、民航发展。组建国家铁路局，由交通运输部管理，承担铁道部的其他行政职责，负责拟订铁路技术标准，监督管理铁路安全生产、运输服务质量和铁路工程质量等。2014 年 1 月 6 日，国家铁路局正式揭牌。与此同时，国务院组建中国铁路总公司，为国有独资企业。2013 年 3 月 14 日，中国铁路总公司正式成立。至 2017 年 11 月 15 日，中国铁路总公司所属 18 个铁路局均已完成公司制改革工商变更登记。中国铁路总公司的公司化改革到位之后，2019 年 6 月 18 日，中国铁路总公司正式改名为中国国家铁路集团有限公司，以铁路客货运输为主业，实行多元化经营。此轮铁路规制体制改革的重点是实行了铁路行业的政企分开，成立独立的规制机构国家铁路局。但中国国家铁路集团有限公司仍然是一家垄断的铁路集团公司，集铁路投资与经营于一体，客货不分，路网合一的庞大国有垄断企业。笔者认为，政企分开只是揭开了国家铁路规制体制改革的序幕，真正的改革在下一步，如何降低铁路运营成本、改革铁路投资体制、提高企业经营效率、提高服务质量，从根本上化解巨额企业债务等。显然，这是一项困难重重、任务艰巨、涉及面广泛的改革任务，不仅需要改革的巨大勇气，也需要充满智慧的改革操作方案。

实践是理论之源，时代是思想之母。我国的铁路产业规制改革任重道远。我们在庆贺中国铁路产业在近些年来取得的三大成就面前，尤其是在中国高铁日益成为中国国家名片的新时代，铁路产业规制改革的声音似乎日益弱小，政府改革的动力似乎也不足，在政府与商业银行源源不断的资金注入下，铁路公司既不用考虑投资资金来源问题，似乎也不用考虑未来的债务解决方案。没有改革的压力也就没有改革的动力。但业内也不泛有识之士，继续呼吁中国铁路规制体制的深化改革问题，但中国的铁路产业如何深化改革，究竟是采用区域一体化经营模式，还是采用网运分离模式，需要进行详细论证，进行科学的设计，既要提高产业绩效，又要兼顾社会福利；既要在利益各方之间达成共识，又要以巨大的勇气破除体制机制障碍。任何改革都会遇到阻力，愈是困难愈加需要改革，不改革等于被动消极地面对发展问题。新改革时代，铁路产业的新动能释放空间会很大，如果规制改革错失良机，不仅会加大今后改革的成本与难度，也会形成新的改革阻力，从这一点来看，改革总比不改革好，早改革总比晚改革好。

本书对中国铁路产业规制改革之路进行了有益的探索。书稿分自然垄断行业的特征、铁路的自然垄断特性、国外的实证经验、铁路规制改革的波动与问题现状、铁路规制成本绩效等五个步骤对中国铁路产业规制改革进行了剖析，并尝试从资源配置、生产效率和分配效率三个方面入手，探究铁路产业规制改革的必要性和发展路径。本书认为铁路的路网基础、行车组织属于强自然垄断，客运和货运服务属于弱自然垄断，增值服务则不具备自然垄断性，在实证和规范分析的基础上，总结了铁路产业规制改革的要点，提出放松价格规制、推向市场定价，放松进入规制、导入有效竞争，网运模式创新、节约交易成本，完善规制主体，健全规制规则等政策建议，其中一些具体建议不乏创新亮点。

张然博士在政企学研领域都曾有过历练，这种难得的经历为他发现问题和解决问题提供了更多维度的视角。作者在攻读博士期间开始将政府规制作为重点研究方向，并以铁路产业规制改革为例进行了研究探索，希望他能再接再厉、永不懈怠，持续深入挖掘规制改革的理论思想，以不断创新回答新时代的改革之问。

笔者为张然博士学习期间的指导教师，在中国社会科学院研究生院任职期间担任过MPA教育中心公共管理专业硕士研究生《政府规制的理论与实践》和政府政策与公共管理系的经济学硕士研究生《规制经济学》课程主讲教师，也组织青年教师编写过研究生的教材，但本人对规制经济学只是一位初学者，从研究反垄断法的角度切入，重点关注的还是政府的反垄断规制问题，对整个规制领域里的许多课题没有进行过深入地研究。张然在写作论文过程中，与本人就有关问题进行过深入地讨论，笔者也曾提出过一些意见与建议。该著作是作者在博士学位论文的基础上修改而成，本著作的创新观点与精彩论述，都是作者自己努力的结果。本著作也存在一些不足之处，作为导师自然要承担相应的责任。希望本书的出版，能够对中国下一步的铁路规制体制改革提供有益的参考，对广大关注铁路规制体制改革的读者有所裨益。

是为序。

文学国

上海大学法学院院长、教授，中国社会科学院大学兼职教授，博士生导师

张然博士专著《中国铁路产业规制改革》序之二

《新世纪改革攻坚博士文丛》现在隆重推出第五部著作。摆在读者面前的这本《中国铁路产业规制改革》系张然博士的首部经济学论著，由他的博士学位论文修改润色而来。

这本书关注的是中国铁路产业发展中的重大现实问题之一，即铁路产业的规制问题，属于规制经济学的前沿性应用研究课题。

规制经济学作为经济学的一个重要分支，在中国国内起步是比较晚近的事情，而且，前些年主要处于翻译引进、消化和中国化西方规制经济学教科书内容的阶段。当然，最近三十年来，规制（Regulation）问题在国内外可是炙手可热的学术话题。规制经济学研究的核心内容，主要由三大板块构成，一是“经济规制”，就是经济学意义上的“广义政府”实施对市场主体在价格、产量、市场进入和退出等方面的决策进行的限制；二是“社会规制”，亦即“广义政府”在公共卫生与健康、安全、环境与生态等方面的管制；三是“反垄断规制”，即“广义政府”在公司兼并、串谋、市场集中等方面的规制或豁免。就国际和中国国内规制经济学的学术演进来看，自然垄断产业规制理论与政策的研究一直处于前沿领域，在此期间，铁路产业又是中国自然垄断产业改革关注的最大热点和焦点。

中国的铁路系统作为计划经济遗留和脱胎而来的尚未完成彻底改革的最后一块堡垒，在最近十几二十年来的整个经济社会改革开放和高速发展的倒逼下取得了长足的进步，铁路运营里程高速拓展，铁路运输网路高强度密植，铁路运力大规模扩张、运行速度持续大幅提升。如果把回望的目光沿着铁路系统发展演变的历史轨迹做一次简捷的扫描，历史就是一个一脉相承、绵延不绝而又不断进化的恢弘过程。铁路作为现代工业文明的产物，自从在中国大地出现以后，一百多年来，从无到有，从国外引进到自主研发，技术创新层出不穷，中国铁路系统大发展从新中国成立前的“世界列车展览馆”到如今为全世界所惊叹的中国速度和“中国名片”，经历了一系列完美的蜕变和华丽转身。有一些重要的时间节点和重大事件是不可忘怀、令人反复引颈回首的。2008 年 8 月 1 日，在北京举办的第 29 届夏季奥林匹克运动会开幕前夕，最高运营时速达 350 公里的京津城际铁路正式投入运营，随后，武广高铁、郑西高铁、沪宁高铁等一批批高速铁路相继投入运营。2009 年 12 月 26 日，正式开通运营的京广高铁武广段，一举引爆民航、公路与铁路的陆空立体运输 PK 大战，时速可达 380 公里的高速列车使久负“九省通衢”美誉的中南交通重镇武汉到南国花城广州只需区区 3 个小时，而一向繁忙不堪的京沪经济走廊，北京到达上海的铁路时程缩短至 5 小时。进入新时期以来，中国铁路建设发展取得历史性成就、发生历史性变革，建成了世界上最现代化的铁路网和最发达的高铁网。截至 2019 年底，全国铁路运营里程超过 13 万公里，其中高铁 3.5 万公里，高居世界第一。2019 年，国家铁路完成旅客发送量 36 亿人次，较 2012 年增长 92%，其中动车组发送旅客超过 23 亿人次，较 2012 年增长 3.4 倍，铁路主要指标雄踞世界第一。在中国这样一个幅员辽阔、人口密集、经济高速发展的国家，铁路正以其运输能力大、安全程度高、运输速度快、环境污染较少、全天候运行以及适应性强等一系列显著优势担负着国民经济大动脉和国民长途旅行首选交通工具的作用。为了满足旅客对列车运行速度和乘车舒适度的高要求，铁路设备研发创新机构和铁路运营主体不断进行技术创新和改进，使得铁路运行速度不断加快，行车安全性和乘坐舒适性逐步提高。高速铁路的飞速发展，更是令铁路运输业这一夕阳产业重获新生、焕发勃勃生机，成为蒸蒸日上的朝阳产业。这些可见可感可知的日新月异的变化，都是不争的事实。

但是，作为现代科学技术不断创新发展引领其高速发展和深刻巨变的庞大产业部门，仍然有长期为社会所诟病的挥之不去的软肋一直未能化解。我以为，这主要表现在两大方面，第一，铁路运营系统服务的顾客感知度、满意度不高，服务内容提供和服务质量提升一直处于被动的、倒逼性强制改进状态，其内在主观能动性和动力、活力严重不足。从市场经济原理上来说，就是铁路运营服务供给相对于服务需求的典型被动性和滞后性，服务内容提供和服务质量水平的低满意度维持性，顾客的服务感知指数低。顾客服务感知是指顾客对铁路客运和货运服务的感觉、认知和评价，它是建立在顾客的服务感受基础上的，包括服务质量、顾客满意度和服务价值，其中，服务质量影响顾客对服务价值的感知，而服务价值和服务质量则会共同影响顾客满意度的感知。市场服务提供一方面对顾客的服务内容创新、服务质量和服务水平不断改进提升，一方面来自市场需求一方的利益诱导和拉动，另一方面也来自服务供给侧的市场组织结构和竞争力量的此消彼长。显然，作为“铁老大”的铁路部门，其国有企业固有的体制机制痼疾在整个行业部门自然垄断优势的强力裹挟下，长期消蚀着它对顾客服务需求的敏感性、关注力和创造优质服务内容和提升服务质量的内在动力及主观能动性。面对其行业的天然的自然垄断性，调整改进产业组织和市场组织结构固然不是没有文章可做，但中外经验表明，这方面的效果一直无法彰显，所以，无论是学术界还是政府部门，几乎都把注意力聚集到规制的研究探索上来。这几乎是全球共识。中国铁路系统的第二个突出问题是，长期低效率运行，这里主要是从投入产出经济效益角度而言，包括单位资本投入——产出的低效和组织体系运行的系统性低效。说几个简单的数据，即可见一斑。根据《中国国家铁路集团有限公司 2019 年度审计报告》信息披露显示，截至 2019 年 12 月 31 日，中国国家铁路集团有限公司的债务规模已经接近 5.5 万亿之巨额，总资产收益率仅 0.03%，总资产报酬率为 2.13%，流动比 0.60，速动比 0.49，负债和权益比 65.98/34.02。2013 年经国务院批准改制成立中国铁路总公司以来，铁路开始政企分开，改革取得重大进展，在 2019 年 6 月中国铁路总公司再次改制成立中国国家铁路集团有限公司，改革步伐加快，但从实际运营情况来看，公司各项数据远远低于通常意义上的正常财务指标，整个系统的运营效益可以说差强人意。铁路系统的低效率运行，问题自然主要出在其自身。改革开放以来，铁路系统的改革因为各方面复杂的原因和阻力，决策迟缓，利益集团博弈激烈，效果不彰，究其深层原因，我以为就是整个系统的国有体制机制长期形成的行政垄断和行业产业属性形成的自然垄断的二相力量胶合，使其产业组织结构单一性和企业科层制导致的能量内耗，扼杀了最起码的产业绩效和公司系统内竞争和最低要求的运行效率与效益。从规制经济学的意义上说，这是一种典型的严格的内生规制。中外实践一再证明，铁路产业的这种内生规制模式越来越不适应市场经济发展的要求。解决这一顽疾的根本出路在于系统地推进铁路产业的规制改革。可以毫不夸张地说，铁路产业规制改革是中国改革开放四十多年后仍然横亘在改革前路的最大难题难关之一。就此而言，中国铁路产业的改革攻坚任重道远，中国规制经济学的学术创新迫在眉睫。

张然博士这部专著的研究主题专注铁路产业规制改革，起自他考入中国社会科学院研究生院文学国教授门下攻读博士学位不久。学国教授研究领域广泛，而经济法学是他长期长袖善舞的术业专攻，特别是在反垄断法领域，他为学界贡献良多。新世纪纪元开启之后，基于强烈的学术兴趣爱好和研究生教学需要，他领衔中国社会科学院创新工程项目，出版70万之巨的学术著作《政府规制：理论、政策与案例》，在规则经济学界产生了广泛影响。作为一种师承和学术上的接力，张然博士在学位论文选题之初，就把注意力投射到了规制经济学学术前沿领域，特别是自然垄断行业的最顽固堡垒——铁路产业规制改革，这是需要非常大的学术勇气和不凡的选题智慧的。我有幸先后相继参加过他的博士论文开题报告会和论文答辩会，对他的论文研究过程和研究内容以及专家们对论文的高度评价有过最直接的感受和直接了解，因此，当他希望我把这部著作出版列入《新世纪改革攻坚博士文丛》并与文学国教授一同为之作序予以支持时，我表示欣然接受。

作为这本著作最早的读者之一，我要与读者们分享的是，首先，本书的研究主题抓住了我国改革系统工程中急迫而又难于破解的重大现实问题。前已述及，铁路产业规制要解决的问题既是全国性、行业性独家垄断国企固有的体制机制长期演化形成的管理僵化低效和行政高度集权而形成的能量内耗痼疾，也有国内国际普遍存在而一直攻而不克的行业自然垄断导致的铁路产业资源配置低效、运营低效和服务低效问题。论文选题直面这一历史和现实难题，具有显著的学术和改革实践的前瞻性和问题导向性。其次，以国际化的视野审视问题。这本书自始至终不是就中国的铁路产业而谈规制问题，而是站在国际横向比较的高度，以全球铁路产业几百年演进发展为纵深，严格审视世界各国特别是发达国家铁路产业规制理论创新历史和实践探索历程，为中国铁路产业规制的理论和政策辨析、检讨寻求清晰的国际参照，以此为镜，透视产业和行业痼疾产生形成的深层原因，以此探寻规制创新的新空间、新领域、新任务和新目标。第三，本书的研究充分体现规制经济学的应用经济学特色，学术创新以直接破解现实难题、解决实际问题为依归，既号脉，亦开方，凸显了作者强烈的社会责任感和严谨的学术担当。作者采用数据包络分析（DEA）法，对中国铁路产业规制进行实际绩效分析，通过系统性研究评估，毫不隐讳地指出，在最近30多年的发展时间历程里，铁路产业一直处于严重低效率运行状态，并且，铁路行业当前所表现出来的有限增长实质上是以资源的高投入为基本推动力和社会代价实现的，整个产业的经营管理表现出典型的粗放性特征，其生产率难以提升的根本原因就在于规制体制问题，从计划经济体制下延展而来的铁路产业，至今没有摆脱高度行政化和集权化的捆绑和束缚，导致产业的市场化水平持续低下，市场竞争无从展开。因此，必须加强规制体制和体系的改革，为产业发展创造市场化和法制化的良好环境。本书的最后，作者并未止于一味地反思和批判，而是基于理论分析和绩效检验的发现，结合现实经济环境下的规制基础和约束条件，提出了既具社会合意性又切实可行的政策主张和建议，并呼吁政府和产业部门把握好以“提高绩效为本、兼顾社会福利”的规制改革基准，实施铁路重组多对多的“经纬线”模式，以实现“一体、两翼、四通八达”的发展目标。

如同经济学一般原理和市场经济实践认知所达成的广泛共识一样，规制经济学最近几十年的学术进展显示，由于市场失灵和政府失灵都是随时可能发生的常识性问题。规制经济学探寻的一般规制理念与具体行业和社会领域采行的实际规制制度体系都是一直处于规制与放松之间寻求妥协和动态平衡的循环往复状态，各国铁路产业规制改革和实践也无不如此，一味地规制和一味地放松对任何一个产业的有序竞争和长期发展来说，都是灾难性的，这就需要在产业和经济社会等宏观环境的动态变化发展中不断探寻规制制度体系的适用性、有效性、稳定性和法律框架内的灵活性。有鉴于此，我以为，张然博士的这部专著作为铁路产业规制领域的学术创新性研究，无疑为后来者做出了很好的示范，打开了一扇洞观现实、烛照铁路规制改革前路的窗口。

我对张然博士所取得的学术成果感到高兴，也对铁路产业规制研究和改革乃至整个规则经济学的未来充满无限期待。

是为序。

谢朝斌

经济学博士、法学博士、社会学博士后、管理学博士后，

二级教授，中国社会科学院研究生院博士生导师

中文摘要

政府规制理论伴随自然垄断产业的快速发展应运而生，自然垄断引致市场失灵时，政府规制便会发挥其作用。随着新经济时代的来临，在过去的几十年里，国内外尤其是 OECD 国家都在不断改革自己的政府规制，从而实现自然垄断产业市场化改革的不断深入。

《中国国家铁路集团有限公司 2019 年度审计报告》显示，截至 2019 年 12 月 31 日，中国国家铁路集团有限公司（以下简称“中国铁路总公司”）债务已经接近 5.5 万亿巨额，总资产收益率仅 0.03%，总资产报酬率为 2.13%，流动比 0.60，速动比 0.49，负债和权益比 65.98/34.02。2013 年成立中国铁路总公司以来，铁路开始政企分开，改革取得重大进展，在 2019 年 6 月中国铁路总公司又改制成立中国国家铁路集团有限公司，加快了改革步伐，但从运营情况来看，各项数据仍远低于企业正常财务指标，深化改革迫在眉睫。

首先，随着经济发展和技术水平的不断提高，以及替代竞争的加剧，铁路的自然垄断边界也发生了变化，尽管如此，铁路产业的主要业务仍具有自然垄断或弱自然垄断特性。

其次，从铁路结构重组、产权制度改革、投融资体制改革、政府规制方式改革以及法律法规和监管设置等方面入手，分析美国、日本及欧洲等主要发达国家及地区铁路规制改革的主要措施和效果，可以总结出铁路改革的关键点和共同点，主要有 5 个方面：结构改革，改善产权制度安排；放松规制，导入有效竞争；网运重组，节约交易成本；主客体明确，成立专门的铁路规制机构；依法治铁，在法律完善或重构的基础上进行改革。

再次，从资源配置、生产效率和分配效率 3 个方面入手，分析中国铁路产业规制绩效，可以总结出体制和体系两个方面的影响因素：从铁路规制体制方面来看，铁路产业规制主客体错位、规制监督机构缺位、法律法规滞后是造成规制绩效低的主要原因；从规制体系方面来看，价格规制方法落后、制度设计不合理、进入规制过于严格是造成规制绩效难以提高的主要原因。

最后，深化中国铁路产业规制改革的主要政策建议：

1. 放松价格规制，推向市场定价

针对基础设施领域，设立合理的价格区间；建立不同业务性质企业的价格协调机制；完善铁路产业的价格听证制；铁路客货运业务领域应放开价格，建立以市场定价为主、国家宏观调控为辅的运价形成机制；理顺铁路与其他运输方式的比价关系，实现与市场对接的计价体系。

2. 放松进入规制，化解巨额债务

改善产权制度，优化市场结构，积极推进混合所有制改革；降低进入壁垒，拓宽融资渠道；尤其要果断行动逐步降低铁路总公司债务数额。

3. 加快网运分离，重构规制主体

采取多对多的“经纬线”模式，对非公益性的线路，以“网运分离”为主线并在横向引入竞争模式，公益性较强的线路则仍然采用网运合一模式。在保证国家安全战略前提下，加快中国铁路去行政化进程，解决副部级的“国家铁路局”规制正部级的“中国国家铁路集团有限公司”的特殊现象。

4. 完善规制规则，加强执法力度

及时修订《中华人民共和国铁路法》；研究制定中国铁路专项产业政策；进一步健全与铁路相关的反垄断法律制度；设立独立的立法、执法及规制监督机构；出台中国铁路总公司特殊法人企业专项法律。

目 录

第一章　绪论

第一节　研究背景及意义

铁路行业在世界各国的国民经济发展与社会稳定维护等方面都具有重要的作用，铁路行业发展也是我国国民经济发展的基础与先导。中国地域广阔、人口众多、资源分布不均衡、经济结构正处于新一轮调整期，铁路产业在国家安全、经济发展、军事价值、社会文化、生态环保等方面都一直有着特殊的战略地位和巨大的价值空间。

在20世纪70年代之前的政府观念里，各个国家都将铁路产业定性为自然垄断产业，并且认为不能将市场竞争机制引入其中。70年代之后，一些发达国家诸如美、英、德、日等国开始针对铁路行业进行改革，改制取得了非常显著的效果。自此，改革铁路行业的政府规制，推进铁路行业的市场化发展成为全球范围内对铁路产业改革的新方向。纵观全球铁路发展史，铁路改革成功的国家少之又少，美国、德国、日本、英国、法国等发达国家也是多有失败经验。德国铁路改革曾在50多年里经历了近20次失败，债务沉重。这些丰富的规制理论探索与改革实践，为我们提供了重要的参考资料与经验借鉴。

我国铁路体制的初步改革肇始于20世纪80年代末至90年代初，其间，国家对铁路行业开始适当放权让利；90年代后期，铁路行业的改革开始朝着“网运分离”的模式方面探索，并且引入了现代企业制度①；进入21世纪，铁路改制不断推进，主辅分离进一步深入，先是将铁道部与各地的非运输企业以及高等院校进行了分离，至2003年之后，社会职能也在逐步实现移交；2013年之后，我国机构改革推进的过程中，对原有的铁道部进行了体制改革，

---

① 荣朝和．试论铁路建立现代企业制度的基础[J]. 铁道经济研究，1999（2）.

分为“中国铁路总公司”和“国家铁路局”两大部分，在新的管理体制下，铁路总公司代表的是“企业职能”，而国家铁路局代表的则是“行政职能”，从而推进铁路行业的政企分离，政企分离在铁路体制改革过程中具有里程碑意义。

中国的铁路产业在探索改革方案的过程中，获得了持续的大发展，而且还处于快速发展趋势，但要想全面实现铁路产业的深入改革，却又面临着较为复杂严峻的改革背景环境。在全球铁路规制全面改革的大环境中，我国在公路与民航等行业都进行了深入的规制改革。在此前提下，我国的铁路产业所面临的替代竞争不断加大，亟待深入改制，从而使铁路行业在激烈的竞争中可以稳住脚跟。目前，作为我国四大垄断产业的民航、电力、电信都已经在改革方面取得了良好的成绩，而同样作为四大垄断产业之一的铁路行业，作为基础设施产业中的重要组成部分，几十年来中国政府与铁路主管部门多次进行过改革的探索，但经济效益低的问题始终没有解决，中国经济高质量发展对铁路改革提出了新要求。近些年，我国的铁路产业规模一再拓展，各种新技术不断得到开发和应用，一些成果已经处在全球领先地位，电子商务与物流运输的飞速发展，也增大了对铁路运输的需求，但是我国铁路的发展已经呈现出整体效率偏低、经济指标较差、运营效率不高、无法实现供需平衡等现实问题，在经济发展中已经产生了负面影响，原有的规制体制明显不能满足铁路行业管理升级与业务创新的发展需要。中国经济发展步入新阶段，中国铁路产业尤其是高铁的快速发展，既带动了中国经济的整体提升，也使得中国高铁成为中国先进产业的代表，成为中国制造走向世界的一张名片。近年来，中国高铁累积下来的巨额债务引发了全社会的关注，这是我国铁路规制改革中不得不面临的一个棘手问题。在当前经济下行压力下，全面深入推进我国铁路产业改革，推动中国铁路有序、快速发展已经刻不容缓。

我国铁路产业规制在特殊的环境与背景之下，改革的任务更加艰巨，亟待与我国当前的发展现状相符合的具有前瞻性的发展理论作为其规制改革过程中的理论指导。当前，我国针对铁路产业规制主要的改革方向是对所有制进行改革、对行业实现重组、实施政企分离，虽然在长期的改革进程中，已经有了一定的进步，但是目前相关领域的研究成果却仍然比较缺乏。另外，目前我国在铁路产业改革过程中对所有制的改革以及对铁路产业的重组过程中研究的重心是如何提升铁路产业的整体效率，忽略了对铁路产业低效率现象产生原因的深入分析，在这方面的研究成果较少。

中国正在建立现代经济体系，深化要素价格市场化改革，建立统一开放、竞争有序的现代市场体系，各行各业要积极借助于市场机制来全面提升整体效率，垄断性行业也应如此。要实现对铁路产业整体营运效率的提升，仅实施所有制改革仍然无法从本质上提升效率和效益，全面推进铁路快速发展，市场竞争力量是其主要的促进因素。除此之外，通过研究国内外规制改革的成功经验可知，对铁路行业改制成功的国家最终都会提升整个社会福利。所以，我国铁路规制改革，也不能有损社会福利，规制改革要立足于对社会福利的全面提升之上。

本研究在此背景下展开，重点聚焦于我国铁路如何处理好企业的运营绩效与社会公共利益之间的平衡，试图深入研究当前铁路行业本身的自然垄断性、中国铁路规制绩效现状以及对铁路绩效产生影响的重要因素，并剖析发达国家铁路规制改革的成功经验，与我国的铁路产业现状与经济发展情况相结合，提出可行性的政策建议，具有一定的理论意义和实践价值。

第二节　研究方法

一、计量分析法

通过对中国铁路规制的成本收益分析，以及对铁路产业生产效率、资源配置效率、分配效率的分析，判断铁路产业规制效果和影响规制绩效的主要因素，从而为深化铁路产业规制改革提供理论基础。

二、新规制经济学分析法

在深入研究我国铁路规制遵循原则的过程中，从价格角度来分析垄断性行业在各种市场结构下所需要的成本，通过价格成本的不同来计算各种结构下垄断性行业的市场效率，以此作为铁路产业规制改革的依据之一。

三、比较分析法

采用横向和纵向对比法，将国外的先进经验与国内的铁路规制改革相对比，由此得出主要发达国家铁路产业规制改革对中国的启示与借鉴。

四、归纳与演绎法

在规制理论指导下，深入研究我国铁路产业规制改革的实现路径以及可利用的方法，并实现对铁路规制理论更为深入的探索。

第三节 文献综述

一、政府规制理论的发展回顾

（一）政府规制的内涵

“规制”一词最早是由英文“Regulation”或“Regulatory Constraint”演变而来。在市场经济体制下，规制是国家实现对经济政策进行干预的重要手段。规制主要是负责对其规制的产业进行进入限制、价格监督，以及对其投资、安全等方面实现全面管理。在规制体系里有两种规制，一是经济性规制，二是社会性规制。本书根据研究需要，选择以经济性规制为研究对象。经济性规制是指政府在相关法律权限的基础上采取合适而且经过许可的手段对企业的各种活动实现全面管理与限制，从而有效避免自然垄断行业由于信息不对称问题导致的消费者权益受损。

政府规制也被称为政府管制、政府调节等。1970 年，卡恩在其作品《规制经济学：原理与制度》中指出：政府规制从本质上来看是用政府的命令代替市场竞争，并试图实现一种较好的经济绩效。1971 年，施蒂格勒在其作品中指出：规制是一个国家对其权力有效运用的典范，是一个产业为了其利益的获取而产生的。Gerhon 和 Pears 在 1982 年提出了经济所包含的完整规则和制度的本质就是用规则制定者的宏观判断直接代替了对商业和市场的判断，同时，他们还将直接规制与法律限制两者进行了详细的区分，指出直接规制的核心是规定，而法律限制主核心是禁止。他们认为，政府通过产业规制从根本上来看只是法律对各种私人经济力量进行控制的形式之一。1980 年，金泽良雄指出：政府规制是在市场机制之下，政府以对市场机制存在的问题进行调适与改革为主要目的，对当前的经济主体的活动进行干预的一种行为。植草益指出：政府规制是各个公共机构在既定的规则限制下，对经济体制中的企业活动进行干涉的做法①。我国的学者对于规制概念方面也有相关的研究：樊纲教授的观点指出：政府规制是指政府借助于一定的手段对私人经济部门的经济行为采取一定的限制与规定。余晖则指出：规制是指政府借助于各个行政机构的职能，在法律规定下，以全面控制市场失灵为主要目的，通过法律、规章的制定，借助于命令与裁决的形式，从而对微观经济主体的一些不合理的市场交易采取一定的干预措施。

（二）政府规制理论的发展沿革

市场经济与法治社会是政府规制可以有序实施的根本，政府规制开展的根本目标是为了对市场机制中存在的一些结构性问题进行全面的修正，从而有效规避市场经济漏洞对社会带来的危害。政府规制对于市场机制中存在的一些问题具有一定的修正作用，可以有效避免各种市场不良现象，有效提升公共利益。然而，作为制度的一种，政府规制也会出现失灵现象。

从 20 世纪至今，政府规制研究主题也在不断变化之中，最初的研究重心

---

① 植草益 . 微观规制经济学 [M]. 朱绍文，胡欣欣，等，译 . 北京：中国发展出版社，1992.

是“市场失灵现象与政府的修正策略”，在发展的过程中，专家与学者研究的重心不断从措施中转移到对其规制的效果方面，进而又深入地对其政治原因进行分析，最终主题又针对在政府规制实施的过程中所应该采取的激励问题进行了研究，在这四次研究主题的变化过程中，形成了多种理论，具有代表性的有以下几个：

1. 公共利益规制理论

公共利益理论以市场失灵为背景，以福利经济学的相关理论为基础，指出政府规制的目的是有效控制市场失灵，对市场经济活动中的一些不正常的现象进行矫正，从而有效保护公众利益。

公共利益规制理论是其他的规制理论发展的立足点。它对规制进行了全面而规范的分析，指出市场规制的存在必须是立足对市场失灵的矫正。公共利益规制理论主要有两个方面的内容：首先，是要认定当前的市场是否存在失灵问题。在失去规制的市场里有可能会具有自然垄断、信息不对称等问题，最终导致市场运行无法达到最优状态；其次，是要找到最好的政策来治理市场失灵现象，从而保证最终的规制效率最优。

所有理论是否合理最终都要以实践来验证，在经济学家深入实证研究之后，一些专家对公共利益规制理论产生质疑，例如：在实践的过程中规制无法发挥效率、市场失灵并非有些规制的起因、规制方案并不科学等。从规范性研究角度来看，这一理论也遭到了质疑，例如：规制的出现是否符合当前市场的需求。这两种不同的质疑之声推动着政府规制理论不断朝着更深入的方向发展：一是部门利益规制理论，二是激励性规制理论。

2. 部门利益规制理论

这一理论提出的前提是当前的政府拥有绝对的权力，而相关的利益集团能够用足够充分的理由说服政府借助于政府的权力来为其服务。在这个理论之下，规制者是以经济人的身份存在，他可以自己去选择采用最优的规制方案。该理论强调的是利益集团借助于对规制的争取来提升自我利益，认为规制的产生会有多种原因，而并非仅仅是市场失灵。

规制俘虏理论可以作为部门利益理论的早期雏形。该理论观念认为，政府规制形成的基础是目前产业的实际需求，在这个过程中，所产生的所有规则制度最终都被利益俘获，其根本原因在于规则制度的产生过程中，政府并不是发动者，因而规则制度的制定者不是政府而是产业组织。所谓的政府规制实际上就是规制的制定者和法律的制定者被产业组织完全掌控，原因在于，这期间规则的制定人和立法者会受到产业组织的说服，因而最终被产业组织所控制。针对这一理论，施蒂格勒曾经深入研究，他借助于规范经济学的理论，指出规制往往是产业受利益的驱使有意而为，规制最终的结果会对生产者带来益处，高效率与低价格的现象即使在政府规制的情形下也会产生。

佩尔兹曼、贝克尔等一大批经济学家随后也展开了对规制俘虏理论的研究，逐步使规制俘虏理论趋于完善化。其中，佩尔兹曼的研究指出，规制者在制定相关政策的过程中会受到各种社会群体的影响，因此，政府规制在立法时总会伴随着偏私，从而为一些利益集团带来政治支持，最终使这些利益集团愿意投入大量的资源来想办法获取规制中的政治支持。贝克尔对利益集团的竞争进行了深入的分析，他指出，政府规制在制定的过程中会偏向于一些影响力大的利益集团。

3. 放松规制理论

该理论起源于20世纪70年代末，产生的背景是50年代规制失灵现象频发，在一些发达国家里，对于政府规制的质疑声越来越多，不少专家开始展开反对政府规制的研究。

詹姆斯·M. 布坎南的研究是借助于对政治过程中的经济学的深入分析，最终指出，在代议制的民主政治模式下，各级公共机构在对公众提供公共物品时存在着严重的浪费与低效率现象。所以，布坎南在此背景下提出了“政府失灵理论”，他认为政府并不是万能的，也会存在自己无法弥补的缺陷。他指出，人们不能认为政府真的会全身心地投入到公众利益的奉献中，不能认为政府一定可以将所有的事都处理好，政府本身也是由人构成，而这些人也都属于经济人的范畴，因此，在政策的制定过程中也会受到利益的驱使。

可竞争市场理论认为，受规制行业要拥有足够的潜在竞争力，这是政府规制政策得以全面实施的核心。因此，要遏制人为进入与退出壁垒，并且借助于先进的技术降低甚至是消除沉没成本，从而在自然垄断行业里也形成一个竞争市场。如果市场的进入与退出都有高度的自由性，那么超额利润便不会存在。

4. 激励性规制理论

随着规制理论研究的不断深入，激励性规制理论在放松规制理论之后被学者提出，它的理论核心是指在既有的规制结构模式下，借助于给受规制企业一定的压力并且正面引导其提升效率，给予提升效率的企业以一定的奖励，从而全面提升整个行业的效率。它所研究的核心内容就是激励手段在规制体制下的有效利用。

在该理论中，通常会利用以下激励措施：首先，是最高价规制 (pricecaps regulation)，这一工具将受规制行业所提供的相关产品的价值与 CPI 零售价格指数（或采用 CPI 消费者物价指数）两者实现结合，保证其价格的提高低于通货膨胀率。与此同时，要充分考虑到技术发展对劳动生产率的提升效果，要实现行业价格的下降，需要由规制部门对相关的产品限定价格上限，从而迫使企业有效控制成本，提升生产效率；其次，是特许投标规制 (franchise bidding regulation)，这一工具是借助于投标与竞争的模式，政府将特许经营权授予中标的企业，从而形成投标竞争。这一规制具有时间限制，要求在特许期结束之后，再借助于竞争投标的模式来明确特许权究竟由哪个企业获得，以达到对企业的激励作用。这一制度之下对于各种垄断市场的竞争力有所提升，同时在投标竞争的过程中，规制机构可以更精准地了解到行业的成本现状。在企业对垄断经营权进行投标竞选的过程中，良好地规避了价格规制过程中信息不对称的缺陷。最后，是区域标尺竞争机制（yardstick competition regulation），这一工具是参照该行业其他地区的价格与绩效为标尺，结合本地经济发展现状，构建出合理的规制价格，从而对本地区的企业起到激励作用。企业在逐步提升自我综合水平的同时，政府也会采取价值与质量规制措施来有效推动市场的健康发展。

二、国外铁路产业规制理论综述

铁路行业是自然垄断产业的一种典型，政府在对铁路行业实施规制的过程中，首先要做的就是对自然垄断行业有深入的研究，从而制定可行性政策。国外关于铁路产业的特征与规制的研究主要围绕以下几点：

（一）铁路产业自然垄断性的理论及评价

自然垄断的概述隶属于经济学范畴，它是指由资源的短缺或者是规模经济效益以及范围经济效益的原因，导致某一类物品或者服务只能由一家企业或者是少数企业提供的现象。这种现象就被称为“自然垄断”或者是“自然寡头垄断”（植草益，1992）。

国外的学者曾经利用经济学中的规模经济以及范围经济的相关理论，借助于产出与长期成本函数两者潜在的深层联系分析铁路规模经济现状。20 世纪 70 年代之前，铁路成本函数长期被赋予线性函数的特性，在对其进行线性回归计算的过程中，一般会采取两种形式：一种是将 TC 当作是 Q 的线性函数，此处的 TC 为总成本，Q 为总产出，在这种模式下，运能的影响被忽略，具体公式见（1.1）式；另外一种的计算过程中，显性长期因素为铁路企业的线路能力，将 TC 作为 Q 与 K 的线性函数，其中，TC 为总成本，K 为线路里程，具体公式见（1.2）式。

$$TC=a+bQ+e \quad (1.1)$$

$$TC = a+bQ+cK+e \quad (1.2)$$

上述两个公式之中，e 代表的是误差项，而 a、b、c 代表的是待估算系数。由于西方国家铁路行业的整体发展势态呈现的是萎缩状态，因此，在相关的分析中也应充分考虑到企业规模逐步缩小的问题。

这种计算模式在一定时期内的应用范围极广，但是这种计算模式并没有一套完善的理论基础，因此在学术界也引发了不小的争议。1974 年，Keeler 指出，借助于第一种回归方程进行计算的过程中，运能问题被忽略了，这样的情况从本质上来看等于是设定了企业可以对其自己的运能进行自我调整，但是，一旦政府对其进行严格的规制，迫使铁路企业对一些出现亏损的线路进行舍弃时[①]，这种设定显然是不成立的。而在第二种回归方程计算中，同样有一个假定，即假定了各个线路与其各项投入要素之间有一个既定的比例，然而，一旦铁路设备的更新不及时，造成了设备落后、陈旧，那么，维修费与企业的运营成本都会发生变动，所以，这一假定也是不成立的。Keeler 的深入分析将铁路企业成本函数的研究带进了一个新的高度，很多铁路企业在其运能有富足时，无法直接对其长期成本函数进行估算，此时可以借助于导入长期成本函数的模式来计算。计算的过程中首先要构建一个短期成本函数，进而对企业的最佳资本量进行计算，最终计算得出企业的长期成本函数。所以，铁路企业的规模经济可以分为两类：一类是密度经济，另一类则是幅员经济。前者是指在同等条件，加强运输密度能够有效控制平均成本；后者是指运输网络与运量不断按照同样的比例提升时，也能够有效控制平均成本。

1981 年，Caves、Christensen 和 Swanson，用公式将密度经济系数（RTD）和幅员经济系数（RTS）进行了计算的规范，具体公式为：

$$RTD=\frac{1}{\sum_{i}^{m}\varepsilon_{Y_i}^{e}} \tag{1.3}$$

$$RTS=\frac{1}{\sum_{i}^{m}\varepsilon_{Y_i}^{e}+\varepsilon_{N}^{e}} \tag{1.4}$$

在上述公式中，ε_{Y_i} 代表的是成本对产出 Yi 所具有的弹性，ε_{N}^{e} 代表的是成本对运输网络幅员所具有的弹性。假如成本对产出弹性之和小于单位 1，那么此时则具备密度经济；反之，则具备幅员经济。诸多学者展开了对这两种计算模式的深入研究，将这两种模式运用到对铁路企业平行兼并以及首尾相连兼并的合理性判断中：假如此时具备密度经济的条件，那么便要采取平行兼并从而有效控制成本；假如此时具备幅员经济的条件，那么便要采取首尾相连的兼并模式从而有效控制成本。比如 1984 年，Braeutigam、Daughety 以及 Turnquist

① 美国存在这种情况。

通过实证计算得出结论，如果密度经济系数超过了 2，那么铁路企业的兼并模式应采取平等兼并的形式。1985 年 Caves 等人利用样本估算法计测出平均密度经济系数值为 1.76，那么此时要采取的措施便是提升其密度，从而有效控制成本。再比如 1992 年，Filippini 与 Maggi 计算得出的运输密度经济系数为 1.47，他们认为，此种情形下，铁路行业应全面提升自己的服务质量，从而提升密度经济。目前的研究集中在对平行兼并的模式中，对于首尾相接的兼并模式的研究较少，大多数的研究认为幅员经济通常不会明显存在。

Keeler 等人的研究一般情况下是用货运周转量的总吨英里数来代表产出，他们认为，一切运输产品可以进行相加从而求得总数，从根本上来看，这种理论也是将铁路企业看作是单一产品生产企业。但是实际上并非如此，因为将 100 吨货物运送 1 公里所消耗的成本实际上与将 100 个人运送 1 公里所消耗所成本并不能对等。同样，如果我们将同样重量的货物从同一地点运输到不同的地点，即使运送的距离相等，其消耗的成本也会存在差异。1977 年时，Harris 最早提出这种成本计算模式的缺陷，他指出，平均净载量与平均运距这些指标之间的差异会影响到成本。1992 年时，Ying、Xu 等人则进一步深入研究了铁路企业产出与其他企业的规模有着明显的相关性。2000 年时，Kwee-Chin 以及 Jong-Say 的研究指出，如果我们充分意识到铁路企业并非只是单一产品，那么，公式（1.3）对密度经济的计算从本质上而言是假定了当前所有的运输产品都在同比例扩大，但是，这种情况下虽然可以实现成本的有效控制却并非平行兼并必须要具备的条件。而公式 1.4 所计算的运输网络幅员经济在多种情形下会出现多种含义，因此，它的计算适用性并不强，这导致幅员经济理论在某种意义上而言已经不具备其政策解释的意义。关于如何来解决这一问题，国外的多位学者都展开了深入研究，而且利用了多种方法来处理：Friedlaender 与 Spacy 从客运与货运两个角度分类研究，而 Diaz 和 Winston 则更为深入地研究了这一问题，他们用特定产品的 O—D 流[①] 当作是其产出的单

① 就是指起终点间的交通出行量。“O”来源于英文 ORIGIN，指出行的出发地点，“D”来源于英文 DESTINATION，指出行的目的地。

位。前者的研究只是简单地分类，不具备良好的说服力；后者更加具体，但是操作起来较为复杂，却具备良好的实用性。

除此之外，国外学者的研究还涉及对企业成本函数的采用形式以及其样本选择方面的不断改进等方面。1984 年时，Braeutigam、Daughety 和 Turnquist 在研究中提出。可以利用时间序列数据来有效缩短多个变量系数频繁出现的偏差；1980 年，Christensen、Caves、Tretheway 等人将数据变换成本函数引入公式中，从而有效控制了铁路企业生产结构及其产出过程中存在的限制性问题。

综上所述，目前国外的学者针对铁路规模经济与范围经济的研究逐步深入，尝试利用多种模式来解决计算过程中存在的问题。虽然这些研究对铁路产业认识在不断深入，但是研究成果局限性依然很大，对于铁路产业与生俱来的特殊性没有充分把握，对于企业规模经济产生原因方面的研究不够深入，对于各种不同规模与范围的经济体制没有进行具体区分。这些原因都导致了当前很多概念还没有足够清晰，各种计量研究不具备充足的说服力。目前，西方的研究在规模经济与范围经济的新型表现形式的深入研究方面还有些欠缺。

在各国铁路产业规制改革的具体实践过程中，从铁路的自身特征方面着手，不少学者都采取实证分析的方法来研究。其中，Caves（1985）等人的实证研究是借助于计量经济学模型对铁路产业的规模经济进行研究；Klein（1953）通过计量经济学的深入研究，指出规模不大的铁路企业当时具有规模报酬递增的问题。

以欧洲的铁路行业为例，如果想深入分析规模经济与企业规模之间的关系并不简单。早在 1989 年，Vigouroux Steck 便借助于弹性函数展开了对欧洲 13 个国家的铁路公司的全面分析，最终的研究结果显示，欧洲的铁路公司要么规模太大，要么规模太小，奥地利铁路与芬兰铁路是当前的最佳规模公司，两者的网络规模均不足 1 万公里。

1997 年时，Brown 和 Oum 针对范围经济方面进行了研究，他们的实证研究结果证明，联合生产客货运输产品并不是一定可以获取范围经济。

通过一系列的实证分析最终证明铁路产业的规模经济与其线路的长度之

间存在着一定的联系，但是究竟是怎么样的一层关系并未有定论。当前，铁路产业普遍存在密度经济，这主要是由于铁路平均运输成本会随着其线路的长度而递减。但是在 1983 年时，Keeler、Grimm 和 Harris 的实证研究证明了在铁路的密度经济中，主要的来源是一些具有较长的列车编组、具有较高级的设备以及人员使用率较高的线路。

（二）铁路产业政府规制的理论及评价

国外学者针对铁路产业的规制问题也进行了一系列的研究。在定价理论方面，目前的理论体系里影响力最大的是霍特林（Hotelling,1938）所提出的边际成本定价模式①，Campos、Cantos（1999）等人的观点则指出，边际成本在整个铁路产业里的适用性并不大，这种定价模式还有一个缺陷，那就是有可能会导致亏损，网运合一的铁路运营模式其边际成本约等于其平均成本的 60%~70%②。与此同时，Armstrong，Cowan，Vickers（1994）等人的观点却认为，铁路行业属于一个多产品行业，在这样的行业里，边际成本定价目前是最佳定价模式③。平均成本定价模型与拉姆齐定价模式之间各有利弊。在各个国家的具体实践当中，通常都会选择相对简单而且不需要过多需求信息，并且高于边际成本的单一价格递增方法，西欧多家铁路公司都是采取差别定价，从而有效应对联合成本与固定成本的变动。

国外的许多国家在对铁路产业效率方面的研究成果颇丰。1999 年 Cantos et al. 探索了四个层次的变革对于不同领域铁路效率的作用效果，这四个层次的变革主要涵盖了公司治理结构的变革、政府影响投资的程度、铁路路网分离以及价格规制的力度。最终的分析结果表明，在这四个层次的变革中，铁路路网的纵向分离对铁路效率的作用尤为显著。此次研究过程运用了可调整

---

① Hotellin，H.The General Welfare in Relation to Problem of Taxation and of Railway and Utility Rates [J]. Econometrica，1938,(6):242–269.

② Campos，J.，Cantos，P.Regulating Privatized Rail Transport[J].Policy Research Working Paper，The Word Bank，1999,(20):1–56.

③ Armstrong M，Cowan and J. Vickers. Regulatory Reform: Economic Analysis and British Experience，Cambridge:[M].The MIT Press，1994.

的变量格局体系，但是由于主要调研的是跨国数据，因此不具有代表性，且无法分析时间序列。1995 年，Pestieau 等人展开了跨部门的研究与分析，研究结果表明，管理权方面的约束在一定程度上会导致铁路效率的降低，而相对放宽管理权方面的限制则有利于企业效率的提升，其主要原因在于宽松的限制给予了管理者更广泛的自主空间并营造了更严峻的竞争氛围。1989 年，施蒂格勒认真研究了近年来美国政府规制机构的支出增长率，发现每 8~10 年这类型支出将会在原来的基础上上升 50%，这一数据远高于美国政府规制对象增长情况，巨额的关联费用导致铁路行业不可避免地产生规制失灵现象。

Guido Friebel，Marc Ivaldi 和 Catherine Vibes 等人于 2005 年运用计量经济学模型研究了欧盟国家在进行规制改革前后铁路的效率，并进行了比对。他们进行的主要研究工作是将实施规制改革的 12 个欧盟国家的相关数据以及它们国家的相关状况综合考虑。主要用到了 Cobb–Douglas 生产函数模型和回归技术来展开规制改革对铁路效率影响的研究，下表 1–1、1–2、1–3 为相关数据结果。从下述表中可以看出：第一，铁路产业的规制改革对铁路效率有很大的影响，主要表现为放宽规制能够使国家铁路产业的生产力有极大的改善，平均每年有 0.5% 的上涨；第二，加大改革的力度与生产力水平的增加并不成绝对的正比关系，相比于改革力度，开展改革的先后顺序对铁路产业生产力水平的作用要更显著。历史经验表明，有序进行铁路规制改革有利于推动国家生产力的提升，而囫囵吞枣式的改革对国家生产力的效果并不明显。1995 年，Dewatripont 和 Roland 针对激进式和渐进式的改革结果给出了他们的观点。他们认为，渐进式改革能够使国家在改革的进程中知晓深度改革的愿望，从本质上可理解为国家边干边学，在开展改革的进程中不断摸索出规制的正确措施；激进式改革则截然不同，它在开始的时候就确定了改革的措施，没有选择的机会，从而将会面临极大的僵化风险。引起我们特别注意的是：在规制改革中，渐进式改革与局部改革均比激进式改革带来的成效显著，而其中渐进式改革又比局部改革的成效更为明显。

表 1–1　总的规制改革下的最小二乘法回归估计参数结果 ①

变量	英国未加入的欧盟		英国加入后的欧盟	
	参数估计	t 值	参数估计	T 值
截距项	–1.476	–5.74	–0.655	–2.58
Log（K）	0.551	10.32	0.564	10.68
Log（L）	0.779	16.30	0.612	13.73
放松规制生产力趋势	0.005	2.10	0.004	1.78

表 1–2　区分规制改革强度的最小二乘法回归估计参数结果 ②

变量	参数估计	t 值
截距项	–1.435	–5.56
Log（K）	0.539	10.02
Log（L）	0.777	16.17
Deregulation One Aspect 生产力趋势	0.006	1.70
Deregulation Two Aspect 生产力趋势	0.004	1.82

表 1–3 确定规制改革是否是阶段性的最小二乘法回归估计参数结果 ③

变量	参数估计	t 值
截距项	–1.157	–4.72
Log（K）	0.493	9.76
Log（L）	0.765	16.92
分阶段规制改革的生产力趋势	0.012	4.78
一揽子规制改革的生产力趋势	–0.008	–2.59

调查表明，在许多国家，精简机构人员有助于改善铁路产业全要素劳动生产率。这一观点有一定的实用价值，然而它也有一定的局限性，原因在于

① Guido Friebel，Marc Ivaldi，Catherine Vibes，Institut D ' Economic Industrielle，Railway (de)Regulation: A European Efficiency Comparison，March 2005.

② Guido Friebel，Marc Ivaldi，Catherine Vibes，Institut D ' Economic Industrielle，Railway (de)Regulation: A European Efficiency Comparison，March 2005.

③ Guido Friebel，Marc Ivaldi，Catherine Vibes，Institut D ' Economic Industrielle，Railway (de)Regulation: A European Efficiency Comparison，March 2005。

这一观点并不是对所有的国家都有普适性，而是在具有较为统一完善的规制改革政策的国家基础上提出的。国外相关专家并没有对不同规制改革措施所起到效用的大小展开深层次的探索。

三、国内铁路产业规制理论述评

（一）铁路产业自然垄断性的理论述评

国内学者对铁路产业的研究绝大多数是以其自然垄断性研究为主。国内学者提出了铁路产业具有三大经济特征：沉淀成本较高、生产能力具有不可分割性以及总成本中固定成本的比例较大。

学者们提出三大经济特征的理由如下：现实中，一些传统的铁路企业必然有着自家的铁路线路基础设施，这就使得总成本中固定成本占据了极大的比例。2000 年，武剑红教授经过一系列的研究发现，如果线路能力与通信信号系统没有发生变化，那么铁路线路的短期固定成本将在总成本中占据 50%~80% 的比例。但是因为铁路的线路往往能够使用很长的时间，无法进行移动、几乎不能用作其他用途以及残值相对比较低等原因，造成铁路沉淀成本很高。之所以生产能力具有不可分割的特性，根本原因在于线路和机车车辆能力的不可分割特性以及规模经济给铁路行业造成了限制，我们也可以将这种特性视为网络服务供给的不可分割特性。

在研究方式这一角度上，我国国内的学者通常是选择定性分析的方法来认定和处理铁路产业的经济性质。2000 年，武剑红教授在研究国内外学者从定量角度对铁路规模经济、密度经济以及范围经济进行实证分析之后，对铁路经济特性进行了初步介绍。2001 年，荣朝和教授就铁路的规模经济问题以及范围经济问题，设计了一个全新的分析框架。他的观点是：因为铁路运输产品的特殊性质，是不能将规模经济同范围经济分割开来的，两者在彼此交叉之下形成了运输业网络经济。在运输网络的规模经济及范围经济的相互交叉影响下，运输总产出的不断增加会导致平均运输成本呈持续下滑的趋势，但是，因为运输业规模经济同范围经济之间存在的特殊关联，可以进一步明确网络经济的定义即运输密度经济同幅员经济共同组成了网络经济。随后，荣朝和更加深入地对运输业网络经济进行了划分。他认为，固定运载服务的市场存在多样性的特点，导致运输业的市场架构存在非常显著的差异化特征。运输方式或者是不同方式内的不同运输类别可以使用的网络经济不同，这会导致运输业市场架构出现明显的差别。

上述关于铁路路网存在规模经济、范围经济和网络经济等特殊性质的观点也得到了国内其他学者的认可，然而国内在这方面的实证性研究仍较少。1993 年，台湾学者吴雅音和王小娥就台湾铁路的范围经济进行了研究，并取得了较丰硕的成果。她们基于台湾铁路在 1970 年至 1990 年间的资料，构建了短期的二次式弹性多元产出成本函数，同时根据成本中的要素需求函数建立了估计参数值，最终得出了针对台湾地区的研究成果：首先，相对于货运以及长短途客运各自分开生产，台铁联合生产的成本效益要更高；其次，相对于客货单独分开生产，客货联合起来获得的效益要更高。

（二）铁路产业规制改革的理论述评

尽管铁路在我国国民经济中具有重要的战略意义，然而在很长一段时间内，因为铁路采用的是垄断经营的模式，加之其他社会因素的影响，铁路经营管理效率总是不理想。随着市场化逐步成熟，为了促动铁路产业处理掉固有的弊端，使整个经营生产都更加有效，国内学者就我国铁路产业规制改革展开了深入研究，大部分专家都是立足于垄断行业改革以及产业经济学方面进行研究。

相关领域的学者在 20 世纪 90 年代进行了有关铁路制度合理性改革方面的研究，侧重点是将许多有价值的经验与我国铁路制度发展合理结合起来，包括对国外铁路制度的研究分析、实际考究和相互比较。孙林教授的《从美国铁路看中国铁路改革——中美铁路比较》和中国铁路体制改革考察团的《俄罗斯铁路体制改革考察报告》，以及刘建国教授的《国外铁路改革模式的分析与比较》等文献都具有一定的代表意义。

近二十年来，涉及铁路体制的研究不断得到重视，重点是聚焦于网运分离模式、投融资体制改革、高速铁路投融资模式、国外铁路立法总结等。研究较为完善的有刘迪瑞的专著《日本国有铁路改革研究》、王书会《中国铁路投融资体制改革研究》、范继斌《我国高速铁路投融资问题研究》、陈楠《我国铁路网运分离式管理体制改革研究》、荣朝和《试论“网运分离”与铁路重组的关系》、陈洪年《铁路体制改革的约束条件与“网运分离”的方案选择》、蒋媛媛和陈雯《“网运分离”模式在中国铁路的可行性研究》等。

绝大部分学者认为我国铁路产业垄断经营模式极大地限制了经营管理成效，他们都认为应该分割这种垄断模式。2003 年，覃蓉芳、万宇就我国铁路运输企业在垄断市场中的竞争博弈展开了研究，并总结出三个观点：垄断将造成效率的损失；成本优势的影响非常关键，特别是管理成本；处于市场中的铁路企业应该发挥“先入为主”的市场优势展开竞争①。2001 年，李铁男对我国铁路改革规制以及垄断竞争进行研究之后，将我国铁路产业的市场架构、经济绩效以及企业行为套入西方产业组织理论的 SCP 基本框架之中，展开了实证研究，并得出结果：在主要技术指标以及经济效益指标这一层面，中国铁路产业规制改革的前景十分乐观；在政企分开、自然以及非自然垄断业务的分离、竞争同规制“双赢”这一层面来看，中国铁路运输管理体制的改革必定会走网运分离这一道路②。2000 年，张梦龙及欧国立就网运分离提出了他们的观点，他们认为网运分离是最有效的改革，铁路体制若要向现代化企业体制改革，就必定要实施专业化的经营模式，因此，中国铁路运输管理体制改革的根本目的就是要实现网运分离，这也是我国铁路建立现代企业制度的根本渠道③。2000 年，荣朝和对网运分离的观点是，网运分离是必须的，然而只把网运相互分开是远远不够的，重点是要根据铁路产业内部技术联系密切这一特征，构建纵向一体化的网运分离，但是由于运输市场竞争愈演愈烈、技术和管理方式在不断升级等原因，导致一体化的改革已经产生了转变。“网运分离”这个概念应该是根据我国铁路产业的实情而进行定义的，它并

① 覃蓉芳，万宇 . 铁路运输企业之间市场竞争的博弈分析 [J]. 数量经济技术经济研究，2003（7）:72–75

② 李铁男 . 垄断、竞争与管制：中国铁路改革 [J]. 经济问题．2001（5）.

③ 张梦龙，欧国立 . 铁路建立现代企业制度必须走专业化经营的道路 [J]. 铁道经济研究，2000（1）.

非绝对的和一成不变的。因此，荣朝和对网运分离的概念及类型进行了深入的研究，并就此提出观点：我国现在运行的网运分离模式的效率还不够高，所以铁路运营结构重组也仅仅是将网运分离作为一种方法形式而已，只有建立以市场为主体的高效率铁路运输企业，铁路规制改革才能真正地取得成效。同时，他就这一方面提出了四个可行方案，着重指出网运分离以及铁路重组都只是改革的方法，并不是最终目标①。2005 年，王俊豪提出了自己的观点，他认为网运分离适用于我国铁路产业的重组，路网一体化是我国国情产生的需要，因此需要着重考虑通路权这一难题，另外，在保持路网独立的前提下，客货运输业的竞争能够极大地提升运输效率。

理论界也有部分学者对网运分离持其他意见。2005 年，赵坚教授就中国铁路重组的企业边界问题展开了深层次的研究，他的观点是：我国的铁路重组问题归根结底是企业边界的问题，将铁路重组为一定数量的铁路网点或者是网运分离公司，虽能起到导入竞争的作用并降低企业内的代理成本，但这也会变相提高铁路之间的交易成本。在深入研究中国铁路重组模式之后，他认为，理论上实施区域性铁路公司是能够降低交易成本的，中国铁路重组采取区域性的铁路公司这一模式将更加有效率。

在研究了市场结构和铁路重组模式以后，我国学者对铁路产业政府制度政策进行了大量的研究，在这方面衍生出诸多相关理论和政策建议，以铁道部拆分节点划分为前后两个时间段。1998 年，王东针和刘铁民在研究铁路投资体制改革的现状时认为，铁路投资体制改革已经获得了一些成效，也就是说多元化的投资主体在初步实施后获得了很好的效果，投资主体逐渐向下发展，融资途径逐渐拓宽，从而推动铁路建设向市场化方向发展，资金的使用模式也逐渐向有偿化方向过渡②。然而，这次改革还是没有更深入地解决矛盾，缺乏一定的配套性，因此制约了市场化建设进程。另一方面，没有针对投资效益、超概算问题以及资产重组等进行深化改革，之前存在的问题依然没有

---

① 荣朝和 . 试论“网运分离”与铁路重组的关系 [J]. 北京交通大学学报，2000（3）.

② 黄建中 . 关于合资铁路产权制度改革的探讨 [J]. 安徽商贸职业技术学院学报（社会科学版），2003（4）.

得到处理。在此背景下，铁路产业体制的改革应该将政府和企业区别开来进行，必须要协调建设和改革之间的关系，拓展思维，打破固有思维的束缚，向系统化、法律化以及合理化的改革方向迈进。2000 年，冯杰以及胡立新为了深入地分析投资体制的改革，将中国铁路的外资使用现状同其他交通行业进行了对比。对比的因素主要是政策环境、收费模式、使用模式以及借款规模等，并对政策、体制、运价规制以及企业组织格局的影响进行了相关的总结。他们认为，铁路体制的改革应该加深层次，从而提升铁路运行的活力。2000 年，倪晓萍的观点是，政府应该加大监管铁路产业，实施有关政策和规则应该基于铁路的分类而展开。由此，政府的政策实施才能做到“对症下药”并取得成效。2005 年，王俊豪在倪晓萍的观点上提出应该制定一些必要的协调政策制度，进一步提高整体铁路产业的运营效率。2005 年 3 月开始，中国铁路正式实行“铁道部—铁路局—站段”的三级管理体制，同年，王柏江对此提出看法，他认为改革的重心不应该放在管理体制上，而应该是升级运输体制，取消之前的计划运输体制，根据市场经济的实际需求制定新的运输管理体制，改革最主要的任务应该是下放权力开放市场，最重要的任务应该是政企分开、重组企业的经营管理模式。

2013 年，铁道部在分拆并推行政企分开政策后，利用三年时间陆续开展了铁路改革的相关课题研究，大部分研究重点都是聚焦高速铁路的发展与政企分开的潜在价值。孙林和刘英韬的《中国高速铁路安全管理立法思考》，从回顾铁路运输安全立法入手，探讨了高铁安全立法的核心和具体内容，认为人在高铁安全管理立法中始终处于核心地位，高铁安全立法应主要涉及管理主体规范、安全行为规范、技术规范、监管规范等四大类。2013 年，姜琪的《中国铁路运输业的有效竞争研究》指出了我国铁路运输业在行政垄断的制度下运营，引发了管理松懈、效率低下、入不敷出、运输缺口严重、长期投资不足、财务负担沉重等诸多问题，在梳理铁路运输业市场结构和竞争状况的基础上，对铁路运输业发展的原因进行了深入的剖析，进一步对我国铁路运输业走出困境提出了对策和建议①。2013 年，赵庆国的《高速铁路产业发展政策研究》对中国高铁产业的发展历程、背景环境以及政府扶持制度等方面进行了思考，将局部性政策手段与全局性综合举措进行有机结合，对体制改革、产业规制、技术创新、区域布局、投融资等具体政策进行了类别划分。2014 年，张梦龙的《基于公共物品属性视角的铁路改革结构特性研究》说明了铁路在国民经济产业中扮演着重要的角色，对于促进社会经济发展具有重要的推动作用，同时，对铁路产业特征与运输产品属性进行了深层次研究，认为铁道部拆分对我国铁路具有一定影响。2014 年，王会宗的《中国铁路运输业引入竞争的效应及措施分析——基于国外铁路运输业的实践》认为，务必要站在客观的立场上协调好政府管制与市场机制之间的联系，促进铁路运输业规制改革的成功。将中国铁路运输业与竞争有机结合，在一定程度上可处理供求矛盾，有助于降低铁路的经营成本，并有利于改善国有铁路规模经济效益低下的状况。要实现中国铁路运输业内部的有效竞争，政府必须进行有效监管，对中国铁路运输业进行资产和业务重组，并进一步开放铁路运输市场。2014 年，杭卓珺的《基于 PPP 的我国铁路投融资模式研究》认为，推行投融资体制改革是发展的必然趋势，同时研究了铁路投融资体制改革的思路，经过对比 BOT、PPP、PFI 等项目融资方式，建立了基于 VFM 的铁路建设 PPP 项目评价体系。

通过文献整理可见，目前我国的铁路规制还需进一步改革，要选择对我国铁路产业发展有推动作用的铁路规制模式，加强新型规制手段的利用。但是目前针对铁路产业规制改革方面的文献比较缺乏，现存的大部分文献都是针对在铁路产业规制改革过程中具体政策的观点，针对铁路产业效率提升改革以及整体规制改革方面的深入研究仍然比较缺乏。另外。目前我国铁路规制改革更多的是经济措施改革，很少立足于法律规制角度对铁路规制进行深入研究。目前铁路经济性规制改革还缺乏更多有价值的参考信息，因此，本研究对于相关理论的丰富具有一定的理论意义，同时对于中国铁路产业的规

① 姜琪 . 中国铁路运输业的有效竞争研究 [D]. 济南：山东大学，2013.

制改革实践也具有一定的现实意义。

第四节 研究特点与存在的不足

本研究特点集中体现在：

一、以数据包络分析（DEA）方法为工具，对我国铁路产业规制进行绩效分析

通过系统性研究评估，结果表明，在 30 多年的发展时间里，我国铁路产业效率实质上并未提升多少，当前所表现出来的增长现状是以高投入为基本推动力的，经营管理也表现出粗放性特征。而生产率难以提升的根本原因在于规制体制问题，在计划经济体制上发展而来的铁路产业，至今难以摆脱相关影响，导致了产业发展水平落后。因此，必须加强规制体制和体系的改革与创新力度，才能为产业发展创造更加优越的环境。

二、提出了较为系统全面的解决办法

采取对比分析的研究方法，全面评估分析我国与西方发达国家在铁路产业发展的差异与差距，并借鉴发达国家铁路产业创新发展的模式，结合国内铁路产业的发展要素和具体国情，把握“提高绩效为本、兼顾社会福利”的基准点，提出了铁路重组多对多的“经纬线”模式，并总结了“一体、两翼、四通八达”的政策建议。

此外，需要指出的是，作者研究方向为规制经济学，对铁路产业的具体发展情况了解还不够深入，可用的基本资料也比较缺乏，采用的成本收益分析方法所得出的结果与实际数据可能存在一定出入。

第五节　框架结构

本书共分为七章。

第一章为绪论内容。根据本课题研究的核心思想，明确本研究的背景内容，并进一步阐述课题的理论研究价值与现实指导意义；总结梳理国内外学者对铁路产业政府规制改革的相关研究综述；介绍了论文的研究方法、主要创新点、不足以及论文的基本结构与主要内容。

第二章是对铁路产业的经济特性进行分析。主要是从自然垄断理论及铁路产业的垄断与竞争方面进行深入研究探索。

第三章是国外铁路规制实证经验和启示。回顾了美国、日本及欧洲主要国家铁路产业规制改革的历程，通过分析发达国家在铁路产业发展中的创新思路与改革模式，具体以结构重组、投融资政策、产权结构与政府规制、法律法规及行业监管等要素为切入点，对发达国家的铁路产业规制的改革历程进行总结分析，明确其中的共同特征以及一般规律，为我国铁路产业的创新发展与规制改革提供有效的借鉴与指导，进而全面提升我国铁路产业的发展水平。

第四章则提出了当前中国铁路产业历次规制改革情况及存在的主要问题。分析了导致铁路产业发展滞后的原因主要包括政企不分、垄断经营、投资体制封闭、运价与收益分配规制僵化以及规制组织架构不对称等。

第五章为绩效研究分析。针对我国铁路产业规制的成本收益及规制绩效进行深入的数据分析。

第六章是对当前中国铁路产业的规制改革进行实证分析。从价格规制改革、进入规制改革、安全规制改革、重构规制主体及完善法律体系等方面出发，探讨我国铁路产业科学发展与规制改革的建设思路和发展策略。

第七章为结论。对课题研究的内容及结果进行总结陈述，并为我国铁路产业的科学发展提供具有一定价值的意见与建议。

第二章　铁路产业的经济特性分析

第一节 铁路产业的自然垄断性特征

对自然垄断产业这一特殊产业类型，理查德·T. 伊利 (1937) 有如下定义与界定[①]：(1) 以特有资源的独占性供给为基础的垄断产业经营；(2) 以专利等特殊权利以及秘密为基础的自然垄断；(3) 以业务独占性为基础形成的自然垄断特征。在对铁路等国家公共产品的产业类型划分方面，他将铁路定义为第三种垄断形式。

一、规模经济、范围经济与成本劣加性

规模经济理论 (economics of scale) 和规模报酬递增理论 (increasing return to scale) 是自然垄断学说的理论基础。其中，规模经济的具体含义是：以生产要素价格恒定为假设基础，某一特定产品的生产制造平均成本随着该类产品数量增加而减少[②]。早在 19 世纪，产业发展的自然垄断与规模经济之间的内在关联已经得到了彼时学者的认知与重视，并将规模经济确定为自然垄断产业的基本特征之一。但是，规模经济与产业自然垄断之间的充分必要关系仍未具体明确，并成为此后理论界争议的焦点。沃特森将产业自然垄断定义为单个企业在产品或服务供应体现出远高于多家企业共同供应的市场效率[③]。鲍莫尔、夏基等人将成本劣加性（subadditivity）确定为自然垄断核心特征之一[④]，具体来说成本劣加性表明单独企业在产品与服务供应方面拥有高于多家企业

① Ely, R.T. Outlines of Economics, New York: Macmillan, 1937.

② R.R. Braeutigam. Optimal Policies for Natural Monopolies. In Handbook of Industrial Organization, Vol. Ⅱ , ed. by R.D. willing. Amsterdam: North Holland. 1989, P1292.

③ Waterson, M. Regulation of the Firm and Natural Monopoly, Oxford: Basil Blackwell.

④ William W. Sharkey. The theory of Natural Monopoly, Cambridge University Press,1982, P4–5; W.J. Baumol, On the Proper Cost Tests for Natural Monopoly in a Multiproduct Industry, American Economic Review, December 1977.

共同供应的成本优势。

规模经济、成本劣加性存在本质区别，具体内容可以通过以下事例进行理解：

假设某种特定商品只能由某一企业独自供应，若单一企业的产品供应水平为 Q，相应的成本函数为 C(Q)，即成本函数用 C 进行表示。当该类商品的产量 Q 具体有 K 家企业共同承担时，q_i 表示其中任一家企业 i 的分配产量，那么提供 Q 产量产品的上述企业的成本之和如下：

$$c(q_1)+c(q_2)+\cdots+c(q_k)=\sum_{i=1}^{k}c(q_i)$$

根据以上公式，基于产量 Q 的自然垄断将存在以下充分必要条件：

$$C(Q)<\sum_{i=1}^{k}C(q_i)\text{式中，}Q=\sum_{i=1}^{k}c(q_i)\text{，}K\geqslant 2$$

上述两个概念的内在关系，可以通过平均成本曲线进行说明与理解：

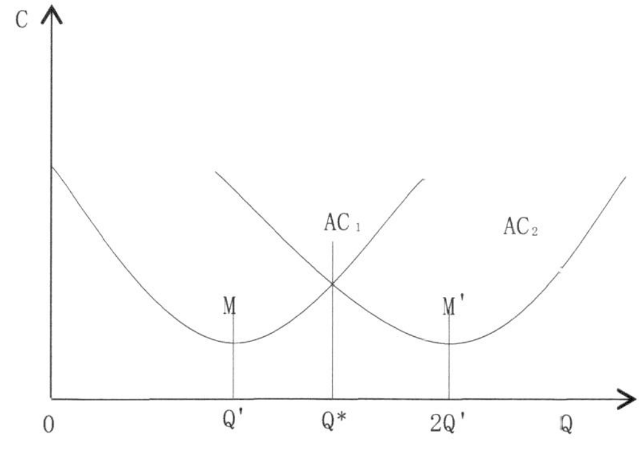

图 2-1　两个企业的平均成本曲线

在上图所示的平均成本曲线关系图中，AC_1 代表单个企业的平均成本变动趋势。由图可知，在未达到产量 Q' 时，企业平均成本与实际产量之间将呈现反向变动关系，也就是典型的规模经济特征；而在产量高于 Q' 后，企业的平均成本与产量将呈现同向变动关系，也就是随着产量的增加平均成本增加，表现为规模不经济特征。AC_2 代表多个产业的生产成本变动状况，两条曲线的交叉点用 Q^* 表示，而两条曲线的位置关系充分表明在产量未达到 Q^* 时，在同等产量基础上，单个企业的生产效率将高于多个企业，此时的 Q^* 点就将成为规模经济与成本劣加性的分界点。在该产量之后，成本劣加性将成为产业发展的重要特征，也是此时产业自然垄断的科学表述。通过上述分析可知，在处于垄断状态下的单个产品分析阐述中，其首要因素并不仅是规模，从根本性能上成本劣加性更能评断是否具备垄断资格。

与单一产品相比，在多种产品供应基础上，企业生产的平均成本并不由单个产品的规模经济决定，而是多种产品同时生产时的相互影响对企业经营的影响情况，这也是范围经济 (economics of scope) 的具体内涵①。上述概念的具体含义是：若多种产品或服务来自同一个企业，由于企业生产计划与资源配置的影响，从而使得不同产品的生产呈现出技术关联与分工协作的特征，从而实现了多用户多种产品供应的复合效益，因此，此时各类产品的成本费用将显著低于各个企业单独进行生产的总成本。

通过以下渠道进行理解：假若将该公司同步生产 X 与 Y 两种产品的产量值分列为 QX 和 QY，则其总成本用 TC(QX，QY) 来替代，因而该独立企业仅生产 QX 及 QY 数量的 X 与 Y 产品的各自成本耗费则可分别用 C(QX) 与 C(QY) 来表明。在此假设的根基上，规模经济存在的前提如下：

$$TC\left(QX,QY\right)<C\left(QX\right)+C\left(QY\right)$$

在上述公式中，若一个公司同时生产不同产品的总成本低于多个公司分别生产的成本，则表明存在范围经济。此时，负责生产不同产品的企业在具体生产过程中是否存在规模经济并未确定，但必然会表现出成本劣加性特征，也就是说，多产品生产的范围经济是企业成本劣加性的具体体现。对于多产品多企业生产而言，自然垄断出现的前提和直接结果并不是规模经济，而是成本劣加性。

二、弱自然垄断与强自然垄断

通常情况下，自然垄断的边界决定了它的发展状况和可持续性。对于自

① 吕春成．范围经济：区域经济发展新动力 [N]. 光明日报，2012-10-12(16).

然垄断企业而言，大多属于行业主导企业，产品的价格及供应水平也受到各种内外部客观因素的制约。若认为该行业存在显著效益水平，便会吸引外来企业的渗入，透过经济学规律可以看出价格与生产总量的数值受需求曲线与边际成本影响，当边际成本与商品的价值一致时，社会总福利处于最大化水准。

根据垄断企业的边际成本（MC）、平均成本（AC）、新进入企业总的平均成本（TAC）和产品需求曲线的综合评估分析，可以具体将自然垄断划分为强、弱Ⅰ型、弱Ⅱ型三类不同的形式。

（一）强自然垄断型

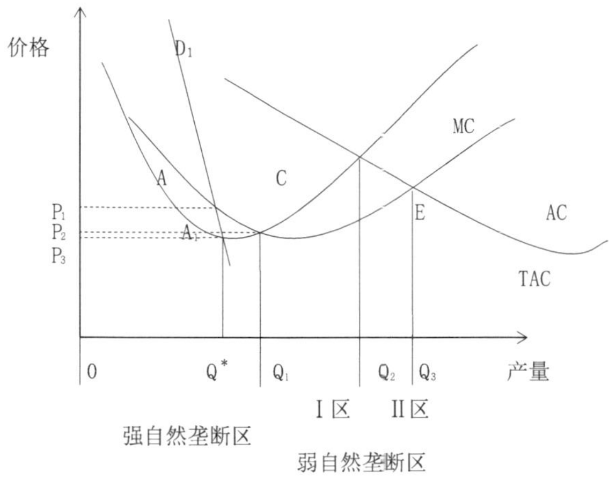

图 2-2 强自然垄断示意图

如图 2-2 所示，该类自然垄断模式的特征区间为［0，Q_1］。在该区间内，随着产量的上升，MC（边际成本）和 AC（平均成本）同步减少，若以 A1 点为产品定价基础，则企业将面临收不抵支的问题，若不存在政府补贴则产业必然会发生亏损问题。因此，在产业发展规制中，为了充分兼顾社会与企业利益的均衡，产品定价只能以平均成本 A 为基础保证企业的经营收益。在此时的市场环境中，新进入者的成本水平将由于巨大的前期投入与规模经济、范围经济的难以实现而导致高于行业平均成本，从而导致其进入行为低效。此时，为了确保不发生价格垄断与企业低效经营，政府必须对垄断企业的生产经营进行规制，并具体以平均成本作为定价依据。

（二）弱自然垄断Ⅰ型

该类垄断模式的特征区间为［Q_1，Q_2］（见图 2-3）。潜在进入者是该区间的主要特征，此时，P_2 价格是产品的边际成本且该成本要显著高于垄断成本，垄断企业将获得充分利润。新进入者在模仿与学习垄断企业的基础上生产产品，在产品定价上选择高于平均成本且低于边际成本的产品价格，就能保证其经营收益。在价格规制的影响下，垄断企业因无法对产品价格进行及时调整，从而会因新进入者的价格优势而损失一定市场。若放松价格规制，那么垄断企业就可以对价格进行调整，采取低价策略来赢得市场并淘汰对手。在该区间内，虽然存在较好的进入机会，但此时的机会却普遍低效且高风险，从而限制新进入者的进入。此时，价格规制应以边际成本定价为参考。

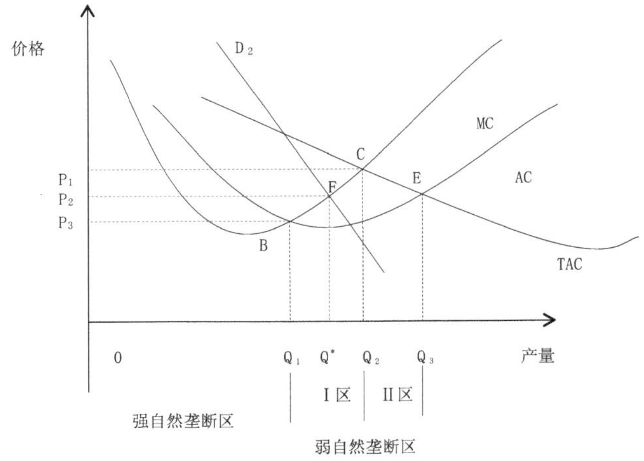

图 2-3 弱自然垄断Ⅰ型示意图

（三）弱自然垄断Ⅱ型

该类垄断的特征区间为［Q_2，Q_3］（见图 2-4）。在需求曲线不断移动变化过程中，需求水平的变动会直接影响企业的平均成本，从而导致产品的市场结构随之变动。此时，新进入者的产品成本将介于垄断平均成本与边际成本之间，因此会形成一定的利润空间吸引新竞争者的进入。但随着新竞争者的进入，产品市场竞争加剧，无形中增加了行业整体的平均成本，从而影响了产业的利润水平。因此，政府应培育有效竞争，确保其科学合理的范围，并积极推动产业的技术进步与科学发展，同时要放松价格规制。

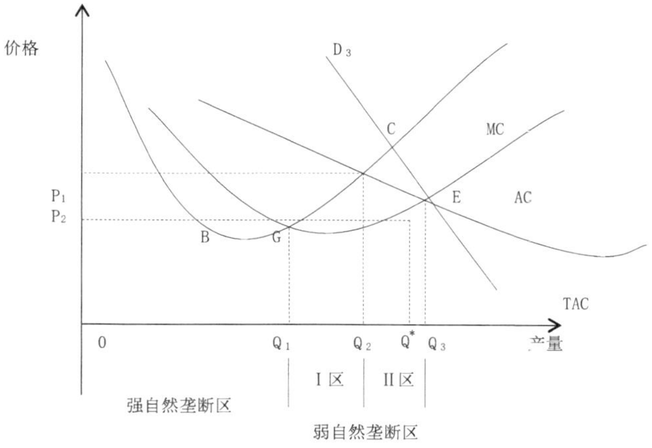

图 2-4　弱自然垄断 II 型示意图

三、铁路产业的自然垄断特性

成本分析是研究与评估产业垄断特征的关键因素，通过产业成本特征来确定产业的垄断情况。但是，由于铁路产业的特殊性质，决定了采用传统成本理论难以达到科学、全面、准确、客观的分析结果。在铁路产业的实际经营中，通常以通用设施或运输工具完成不同性质的运输产品或服务，因此导致了运输成本难以界定划归，出现联合成本这样的不利因素，产生铁路产业特殊的资本结构。

对铁路产业进行成本分析时，通常需要将具体的成本类型细分为设施固定成本、移动设备的拥有成本、移动设备的运营成本。其中，固定设施成本主要是铁路线路、附属设施等基建费用以及线路维护成本，具体表现出属地固定性和运营专用性等特征，划为沉没成本。移动设备拥有成本具体指运输车辆、设备工具的购买成本与维护成本，是资产的生产损耗。运营成本则是完成运输任务所消耗的必要成本，包括人员支出、能源、管理等。

为了提高铁路运输成本分析的全面性与准确性，必须结合运输量变化与成本变化之间的内在关联对完全成本进行评估分析。在具体分析中，运输量的变化状况与固定成本、移动设备的拥有成本之间关联不显著，因此可以将其以固定成本进行处理；而运输量的变动情况却与运营成本之间呈现出显著关联特征，所以通常将运营成本作为生产的可变成本进行核算。在铁路产业内部管理与运营水平存在低效的问题时，运营成本会随着运输量的上升而显著提升。变化关系如图 2–5 所示：

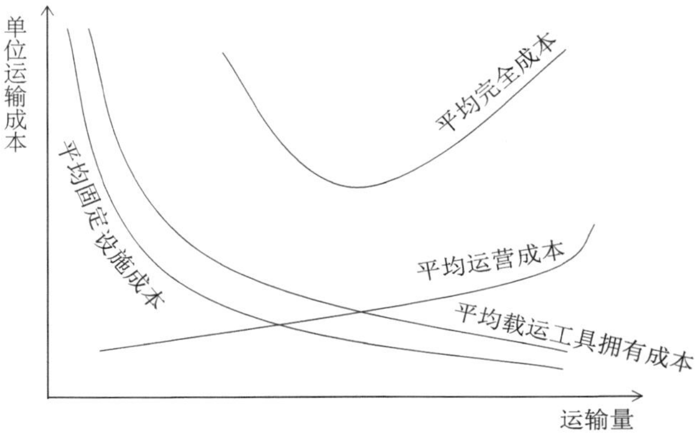

图 2–5　铁路运输成本曲线图

现有的关于铁路运输的成本分析观点中，大多认为铁路产业的运营一般处于最低平均成本的左边区域，这也表明了这种运营状况存在着固定资产的闲置问题，以弹性应对运输量激增的冲击。此外，由于铁路产业经营的特殊性，其固定资产建设投资表现出专用性高、规模大、沉没成本高等固有特征，限制了新进入者的进入，表现出显著的行业壁垒。这种限制进入壁垒的客观存在，也决定了铁路产业典型的强自然垄断特征[①]。

当铁路产业处于长期高峰运输状态时，其运力将相对紧缺，无法满足市场需求，此时也就会为新进入者创造一定的市场空间，也将成为吸引新进入

① 刘海莺 . 中国铁路产业规制改革研究 [D]. 沈阳：辽宁大学，2007.

者的利润要素。但是，由于进入成本的客观存在以及新进入者运营管理上的经验缺乏，将造成新进入者的利润空间被严重压缩，经营风险也将随之提升，因此，此时的铁路产业仍然表现为弱自然垄断Ⅰ型。

四、不同铁路产业业务的自然垄断性

铁路行业整体的自然垄断性并不意味着所有环节均为自然垄断。根据产业结构的具体内容，铁路运输业可以细分为多个不同的经营环节及领域。因此，对铁路产业环节的科学划分，是研究与分析铁路成本以及规制改革创新的重要基础，也是规制措施有效性的重要保障，能够直接影响到研究结果的可操作性与指导价值（见表2-1）。

表2-1 铁路各业务环节的自然垄断性比较

业务分类	投资规模	资产专用性	区域性特征	退出成本	业务垄断性	自然垄断性
路网基础	极高	极高	强	很困难	弱	强
行车组织	低	高	弱	不可能	极强	极强
客运业务	高	高	弱	容易	弱	弱
货运业务	高	高	比较强	容易	弱	弱
增值业务	很低	很低	无	无	无	无

具体来看，铁路运输的基本业务环节分为以下内容：（1）基础路网，具体指铁道、车站及基础设施与附属设施的建设、管理与维护，在铁路建设投资的专用性、高投入、典型沉没成本的影响下，行业呈现出显著的地域性与垄断特征；（2）行车组织，具体为铁路运输路线图、运输计划与调度部署等内容，更多表现为政府及主管单位的行政安排，特殊的业务特征使之呈现出显著的排他性与垄断性；（3）客运业务，具体内容为运输设备的购买、维护以及运输业务的具体组织安排，虽然该类投入的专业性与规模较大，但沉没成本却相对较低，因此进出门槛较低，垄断特征不够明显；（4）货运业务，具体内容为货物运输的设备购置与保养维护，以及货物运输规划的制定与实施，与客运业务类似，同样表现出投入规模大、专用性强及低沉没成本的特

点，因此也表现出较低的进出门槛，自然垄断特征不够显著，并且业务的具体发展极易受到国家政策与产业发展规划的影响。货物运输的目的地相对集中且固定，体现出显著的区域发展特征；（5）增值业务：具体指传统运输业务以外的各种铁路服务，如货物物流的仓储、包装、配送服务，餐饮供给服务、各类代理服务等，表现出成本费用低、进入门槛低等特征，因此不存在垄断问题，更加适合社会资源的进入与发展。

综上所述可见：第一，成本劣加性是自然垄断的主要条件，也是其最为显著的外部特征。成本劣加性主要以规模经济与范围经济两种形式存在，是单一企业生产一种或多种产品的效率水平显著高于多家企业共同生产的效率。特定于铁路产业，由于其成本核算的特殊性与复杂性，导致了铁路运输成本的复杂性，在成本分析时不容易计算。因此，需要制定特殊的成本分析机制对铁路产业的经营成本进行科学分析，从而为其政府规制改革的科学性提供必要依据。第二，铁路产业表现出典型的公益特征，因此不能单纯以市场机制或者企业经营原则进行研究分析，需要充分考虑到其特殊的不可替代性与外部经济性，在确保其自身优先发展与基本功能的基础上，适当开展市场化运作，通过科学规制提高产业的运营效率。第三，以其他市场化的运输产业相比，铁路运输无论是技术还是组织管理均体现出显著的个性化，对产业发展的统一管理与科学运营水平具有极高要求，必须有系统强大的统一调度来具体保障。

第二节　可竞争市场理论在政府规制改革中的应用

一、可竞争市场理论与自然垄断

在 20 世纪 50 年代初期，国际著名学者鲍莫尔等人根据成本劣加性，发表了阐述行业中厂商进入以及定价等特征的可竞争性市场理论。[①] 这一理念主

① Baumol,W.J.,1982, “Contestable Markets: An Uprising in the Theory of Industrial Structure” American Economic Review,72:1–15.

要具备三项假设要求：

（1）针对企业发展来讲，进退相对自由，并且当前潜在进入者从商品质量、技术水平以及所需成本等环节均具备相应的优势；

（2）可以按照现今企业的价格而对其进入市场的经济效益进行评定；

（3）可以选用“打了就跑”这一方式进行操作。该项理论的基本内容归纳来看主要可以分成两个方面：第一，在这一背景条件下不具备超额利润的现象；第二，不具备生产效率较低以及运营管理差的特点。

成本劣加性释义：即便平均成本持续高企，甚至规模经济不存在，但如果由一个公司为行业供给的总成本低于多个公司的成本，社会成本也仍旧最低，则该行业依然具备自然垄断行业的特性。

随着对自然垄断认知的进步，也逐渐加大了自然垄断概念的范畴。依照成本劣加性所界定的自然垄断，在发展的过程中，单一企业的平均成本或许会呈现上涨趋势，也极可能呈现下降趋势，然而只要其总体成本少于大量企业生产的总和，均可被界定为自然垄断这一范畴之内。

在下述图 2–6 中，成本由纵轴替代，产量在坐标系中由横轴代替，边际成本曲线则用 MC 表明，平均成本曲线则利用 AC 符号呈现，符合各种特性的需要曲线则运用 D_1、D_2、D_3 替代，根据图表分析，主要可以将其分成下述几种状况：

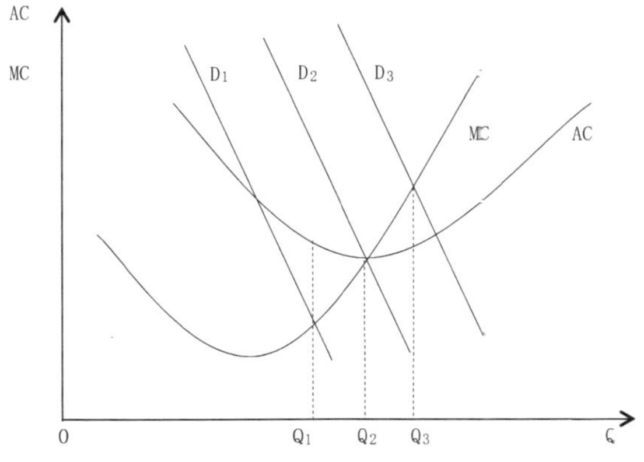

图 2–6　自然垄断产业边际定价

第一种情况，企业亏损：需求曲线采用 D_1 来表示，产量所采用 Q_1 来表示，在此趋势中，平均成本为下降期，边际成本低于平均成本。

第二种情况，盈亏平衡：需求曲线采用 D_2 来表示，当 D_2 和 MC 进行交融时，其产量采用 Q_2 进行表示，在此过程中价格即为边际成本与平均成本。

第三种情况，企业盈利：需求曲线所采用 D_3 进行表示，当 D_3 和 MC 进行交融时，其产量采用 Q_3 进行表示，平均成本为上升趋势，边际成本高于平均成本。

在第三种状态下，自然垄断企业获得了经济效益。此情况为可维持性，也就是说垄断企业能够确保其发展地位不受到威胁，进而避免一些其他的竞争群体获取利润。针对可维持性，我们可以采用数学语言的形式进行表现，具体内容如下所示：当价格为 P 的时候，该产业的需求函数为 D（P）；Q 是指垄断企业数量；C (Q) 是指 Q 所需要的成本。当成本劣加时，产业属于自然垄断产业。成本函数 C，市场需求 D，当价格为 P，产量为 Q 时，若满足：Q=D（P）；PQ=C（Q）；全部的 P′ < P、Q′ ≤ D（P′）、P′ Q′ < C（Q′），自然垄断企业就可以维持。

自然垄断公司在经营状态上虽然处于盈利趋势，但如果其平均成本处于增长情况，则难以形成维持之势，需借用政府规制对进入市场实施限制进而提升垄断企业存活率。当垄断者的效益大于 0 时，便给新进入者一个可乘之机，只需轻微幅度调低价格，即可抢占市场。

与此相反，当处于第二种状态时，平均成本在最低水准时与需求曲线交汇，边际成本与平均成本一致，则不产生收益，亦不存在亏损，此时垄断企业具有可维持性。这时，潜在进入者若降价就会亏损，从而放弃进入，此时不需要政府对市场进行进入规制。

二、规制对策及规制变革

自然垄断理论的不断发展指导着政府规制改革持续调整。在 20 世纪 80 年代末期，研究人员伯格以及钱哈特针对垄断的多种情况提出了应对方案。

据经济学原理，强自然垄断企业在定价上难以达到均衡点，长期以来形成一个矛盾：社会总福利在价格与边际成本对等时实现最大化，然而在强自然垄断行业，平均成本高于边际成本，假如将定价标准恒定在边际成本上，则可能会导致企业亏损。若想保持企业的可持续性，定价应对标平均成本。由此在社会福利与企业效益两者之间的均衡与取舍，是政府往往要面临的抉择。

针对弱自然垄断产业，其边际成本不能低于平均成本，所以不会产生上述矛盾。伴随着自然垄断理论的逐渐进步，社会对该项产业的认知也不断提升，政府部门对改革范畴边界也开始再一次重新界定。理论的持续进步促动自然垄断概念边界不断拓展，同步也使政府定界不断萎缩①。依据先前的理论，自然垄断企业的运营离不开政府的介入和价格规制，而新理论研究表明当企业运营时期不存在屏障和难以继续维持时，对价格实施规制才具备必要价值。

在放松规制和激励规制理念的促动下，政府规制更加重视在自然垄断产业内通过发挥市场有效竞争来提升效率。20 世纪 80 年代以来，国外发达国家对自然垄断行业施行了较大的规制革新，进而推动了全球化的规制革新浪潮。各国在改革内容上或有不同，但基调都是放松规制并改革原有政府垄断经营下的规制体制，对非自然垄断性业务放开市场，用市场刺激经济效率；对自然垄断性环节采取新的激励性规制手段，以刺激产业发展。具体规制应对措施见表 2–2。

表 2–2　对自然垄断的规制对策

垄断的类型	进入有障碍	进入无障碍	
		可维持	不可维持
强自然垄断	规制 使价格高于边际成本以消除企业亏损，同时避免垄断价格	不规制 借助潜在竞争者的进入威胁，迫使垄断者制定盈亏相抵的价格	规制 1. 使价格高于边际成本以消除亏损，同时避免垄断价格 2. 不允许潜在进入者进入市场
弱自然垄断	规制 使价格等于边际成本，允许企业盈利	不规制 借助潜在竞争者进入市场威胁，迫使垄断者制定边际成本价格	规制 1. 使价格等于边际成本，允许企业盈利 2. 不允许潜在竞争者进入市场

资料来源：汤敏．现代经济学前言专题（第二集）[M]. 北京：商务印书馆，1993：26.

① 姜春海，李怀．自然垄断理论述评 [J]. 当代经济研究，2003(5).

第三章　主要发达国家的铁路产业规制改革及借鉴

主要发达国家铁路规制改革可借鉴成果颇丰，丰富且实证了铁路规制理论。尤其是美国、日本和欧洲国家改制历程的得失对我们有重要的借鉴意义。美国的路网规模和铁路营业额长期稳居世界第一，而且在2008年金融危机以后又得到了持续发展，铁路总体规制改革也历经了多个时期，颇有起伏；日本代表了当前世界第一流的高铁技术水平，为我国的高铁快速发展提供了研究模板；欧洲国家，特别是英国和瑞典采用的“网运分离”模式，更是值得我们借鉴。纵观近年来全球的铁路规制改革模式，主要有两种：一是美日模式，主要特征是展开平行线竞争，并在同一路径上引入线路内竞争；二是欧洲模式，主要特征是路网统一运营，客货运输业放开。

第一节　美国的铁路产业规制改革

一、规制改革的背景和主要做法

（一）规制改革的背景

美国铁路发展初期呈现自由化状态，历经了数十年的建设，已经确立在运输行业中不可撼动的地位，且高效益的产出吸引了众多企业的进入，大量资金持续注入铁路产业中，进而扩增了铁路整体的发展规模，并在20世纪80年代达到高峰。

然而，与此同时，其他替代运输模式也层出不穷，在最短时间内得到迅猛的发展，逐渐取代了铁路保守化的运输方式，导致竞争变得更加严峻，铁路方面所获得的整体利润逐渐呈递减趋势。所以在此背景下，美国政府决定减少铁路线路，降低创建新线路的频率，大幅减少了铁路整体里程。但是即使是在这一背景下，美国的铁路发展仍旧居于国际第一。在美国的铁路路线发展中，有很多路网是并行线路，且运营企业数量比较多，同时有很多企业的发展规模相对较小，市场竞争十分激烈，这是美国铁路行业发展的重要特征之一。

美国铁路比较显著的其他特征是以货运为主，相对来说客运量要少一些。一方面，美国的整体面积比较大，多数均为平原地带，人口密集程度相对较低，普遍呈分散状态；另一方面，美国经济发展较为迅速，大家的生活频率较快；再有航空运输模式的发展前景也比较好， 以上因素使很多客户更加倾向于航空运输模式，这些快捷方便的替代竞争严重加大了铁路的压力。在常规货运方面，铁路优势较大。铁路模式运输量较大、路程比较长、价格低廉，这也是很多运输模式不能与之媲美的。在公路运输模式中，从其运输量以及路途方面进行考虑，远远都比不上铁路运输，即使航空模式能够符合运途方面的特点，然而所需的运费相对要更高一些，普遍情况下比较适用于贵重物件的配送。

在 1930 年以后，美国铁路行业因为铁路运输服务品质不高、效率慢，在运输行业当中慢慢地失去竞争位置，甚至出现了大范围亏损，市场竞争力逐渐下降，具体数据见表 3–1。

表 3–1　美国铁路运输在客货运总周转量中所占的比例

单位：%

年　份	1916	1930	1940	1950	1960
货运周转量	77.2	74.3	61.3	56.2	44.1
客运周转量	98.0	74.6	67.1	46.3	27.2

资料来源：美国交通部交通统计局（1990）。

从上表数据可以看出，整个 20 世纪美国的铁路运输在总体的客运和货运周转量的占比趋势均呈下降状态。首先，从客运周转量方面来看，1916 年占比高达 98%，铁路客运几乎垄断了整个交通运输行业，但是之后就一路下滑，到了60年代这一数据已经低至27.2%。其次，从货运周转量方面来看，铁路运输的货运量在1916年同样占据超高比重，大于3/4，在整个交通行业中也是保持垄断势头，但是随着一路下行的发展，到了60年代该比重已经降至不到45%。铁路运输的市场占有率逐渐下降直接体现了其市场竞争力的减弱速度之快，也间接反映出铁路行业的整体衰落，到了70年代，美国已经有大量的铁路企业破产，其中甚至包括排名前十的企业。

（二）规制改革的主要做法

20世纪70年代美国铁路行业发展整体低迷且存在着严重风险，为此，美国政府提出铁路规制改革。其主要手段是通过放松对铁路的规制而让市场在铁路行业中发挥主要作用，通过放权和科学管理引入竞争机制，从而使得不同的企业之间展开有效竞争，甩掉之前企业发展的公益包袱，增强铁路行业在整个交通行业中的竞争力。

1. 客货分营

铁路运输在国家交通中的关键地位和之前美国铁路的国有属性导致铁路企业的发展具有较重的包袱，到了20世纪30年代，铁路企业全面严重亏损，面对这种情况，因为没有合理的退出机制导致铁路企业不得不依靠各方补贴维持企业运作。

实施客货分离是美国进行铁路规制改革的重要手段。实行客货分离之前的美国铁路公司由于受高速公路等竞争冲击不仅看不到明显的收益，而且有大幅衰退的趋势。于1971年成立运营的美国铁路客运公司“Amtrak”秉持着网运分离的理念和宗旨，成为美国铁路规制改革的重要举措。通过Amtrak公司的建立，铁路行业内部增加了竞争环节，从而为铁路行业提高整体竞争力开启了大幕。

但是美国铁路规制改革和客货分离的实施并非易事，而是一波三折。这是因为自1971年开始运营以来，Amtrak公司始终亏损运营，并在长达30年的时间里一直依靠联邦政府的各种优惠政策和财政补贴勉强维持。期间虽然公司采用过重组和改革等手段来改善经营状况，但是始终没有明显效果。

2002年，由Amtrak公司与联邦政府达成终结协议，即政府以一次性贷款的形式提供两亿美金，这才结束了Amtrak长期依赖联邦政府资助的局面。

2. 帮助铁路公司进行资产重组

铁路交通在国家发展中占据重要地位，即使其他交通方式的发展和发达也不能忽视铁路运输的重要作用，而传统的铁路产权归属不利于铁路行业通过内部竞争提高整体竞争力。因此，美国政府于1976年成立美国联合铁路（Consolidated Rail Corporation），即著名的CR公司，将之前铁路企业必须承担的一些公益性法律责任减轻，并通过财政支持和补贴的形式帮助企业进行资产重组，在此过程中还完成了对铁路行业中的部分使用权和所有权由国有向私有的转移。

3. 允许市场进入和市场退出

从市场退出机制来看，在实行铁路规制改革前的美国铁路运输业不存在合理的退出机制。自从1980年《斯塔格斯铁路法》[①]（*The Staggers Rail Act*）推行之后，这一状况得到改善，经营不善的企业可以通过一定程序退出铁路行业，铁路线路的出售和租赁权也在这一法案中被认可。这减少了铁路行业中的资源浪费，实现了企业间通过并购等方式重组，实现了行业间的资源整合和市场优胜劣汰作用的发挥。除允许经营不善的企业退出市场之外，作为补充，政府也放宽了对行业进入的条件，降低了门槛。于是，纷纷有小铁路企业通过购买、租赁或者承包方式取得闲置的铁路线路的使用权，小企业的作用在于灵活性和创造性，它们在一定里程的线路的基础上开展区域物流等业务，适合其发展的需要。通过将竞争机制有效引入到了铁路行业，发挥了市场在资源配置和优胜劣汰方面的积极作用。

4. 支持铁路企业开展并购

企业并购对于企业自身发展、行业资源整合和宏观经济调整都具有促进作用，因此在铁路规制改革过程中，美国政府鼓励和支持铁路企业积极展开

---

① 该法把市场竞争作为铁路运价和开展业务的最有效调节者，在管理上最大限度地放宽了对铁路的控制，给予铁路行业经营自主权，以便它能在运输市场中自由竞争、自主生存、自我经营和发展。该法令的通过不仅是美国铁路行业发展的一个重要分水岭，也是那个时代美国对交通运输业放松管制的最强音。

行业内外的并购，其中主要是行业内的企业并购。通过并购组成的新企业和企业集团能够将之前不合理的资源组合方式进行重新整合，从而取代盈利能力差的企业，减少资源浪费。通过对人才、线路、设备等整合和重新分配使得美国铁路运输业整体上竞争力增强，效益大幅提高。经过铁路运输业的并购热潮，美国I级铁路公司的数量从70年代中期的70多家锐减到2000年的八家，数量的减少代表了企业内部核心竞争力的提高，从而必然提高了整个行业的外部竞争力。从这八家I级铁路公司的分布情况来看，在美国领土内呈现较为均匀的分布状况，这说明彼此具有一定的市场占有额，且彼此之间不会因为运营范围的重叠部分过多而导致恶性竞争。

今天的美国铁路企业基本已经结束了并购时期，进入了同步发展的稳定期，即各自都需要通过提高服务质量和效益水平来获得更多经济效益，从而提高企业在运输行业中的整体竞争力。

5. 放松价格管制

放松对铁路行业的价格管制也是为铁路行业注入市场活力和引入竞争机制的重要手段。通过放松价格管制，铁路行业的价格从之前的以联邦政府为主导转变为以市场需求为指导。不同的企业可以在政府规定的范围内上下浮动，或者企业也可以与货主直接签订合同来制定价格，通过动态调整自己的具体价格，体现自己的竞争优势。

放松价格管制不等于放弃价格管制，美国联邦政府先后有美国州际商务委员会[①]（Interstate Commerce Commission）和路面交通局（Road Traffic Bureau）负责对铁路企业制定价格的管制，为了避免某些企业通过展开价格战来实现对铁路行业的垄断，政府在不同时期都会制定一定的价格限度，而企业制定的价格必须在这一限度中浮动。企业与货主签订合同定价也不是任意的，而是要受到相关方面的约束和管理。

① 负责调研和协调美国国内各州间地面运输的联邦独立机构。成立于1887年。委员会的宗旨是为美国公众提供运输服务。它建立了一套供用户使用的信息设备和免费使用的热线设备。委员会现在有权对美国的铁路公司、货运汽车公司、公共汽车公司、水运公司、煤浆管道公司、货运代理商和运输经纪人等约两万家运输企业进行仲裁。

6. 鼓励市场竞争

鼓励市场竞争是美国铁路规制改革的重要手段和主要方式。不同于欧洲国家（英国和瑞典等）在铁路规制改革过程中实施网运分离的方式来实现所有权转移和铁路行业的竞争，美国是通过网运合一，将路网等线路基础设施和运输设备绑定，即在大型铁路企业中都拥有着一定的路网基础设施和火车这样的基本设备，为更大程度的竞争提供了可能。

美国政府鼓励市场竞争的主要手段是：第一，通过让不同企业拥有不同地区之间的平行线路来增加消费者选择权，从而使得在这一地区之间拥有平行线路的企业之间可以有效实现竞争。美国现在的Ⅰ级铁路企业虽然数量减少至 8 家，但是在平行线路的竞争方面依然较为激烈。第二，同一段线路在一定时期内由两家或者多家企业拥有使用权，在彼此使用时间不冲突的前提下，实现各家企业对同一段线路的使用。这样不仅能够提高资源使用效率，节省土地等资源，而且还可以在多家企业间形成有效竞争和规模经济。

7. 投融资体制改革

从铁路行业发展的资金来源来看，最重要的就是政府的财政补贴和资金支持。即使在实行铁路规制改革之后，联邦及各级政府对铁路运输业的财政支持也是铁路行业发展的重要资金来源。改革前后的政府的资金支持方式是不同的，在铁路规制改革之前，政府的投资主要是财政补贴等多种方式的直接投资，联邦政府和地方政府的具体补贴方式不同，但是目的相同，基本手段也有共性，主要的政府投资方式有：赠予土地，这能够充分发挥政府政策的引导作用，对于铁路企业的发展是非常重要的；关税优惠政策，对于铁路行业所需要的原材料需要进口的，都通过取消或者降低关税的方式来实现对铁路企业的优惠；购买股票、债券从而帮助铁路企业实现融资，这主要是地方政府的做法；此外还有其他的具体资金支持方式。

在实行铁路规制改革之后，政府对于铁路企业的资金支持方式更加倾向于通过金融市场来为铁路企业实现融资，这种投资方式更有利于政府和企业的双方利益。除了政府投资外，美国铁路融资和投资过程充分体现了来源的开放性，即政府管理上的开放性理念。私人投资、金融市场融资等多种不同方式的共同运用为铁路企业的发展提供了充足的资金支持。在投资中，政府缺乏对国有部分所占份额和对资金来源的强制监管，因此，从美国铁路行业发展过程的投资和融资渠道可以看出外来资金所占的比重很高，部分大型铁路企业通过金融市场直接融资，国外投资所占股权比例较高。

二、规制改革成效

经过铁路规制改革，美国铁路运输业成功实现了市场化，也充分发挥了合理竞争在改革中的作用，产生了明显的改革效果。

第一，铁路运输业总生产率大幅增加。2000 年比 1980 年生产率增长 173%，2007 比 2000 年又增长 163%。

第二，铁路运输业在整个美国交通运输业中的市场竞争力提高。所占市场份额有所回升，从 20 世纪的一路下滑的态势经过稳定保持之后已经呈现提升发展趋势。

第三，铁路运输业整体运输价格下降。满足了货主和客户的利益，并且在价格稳定缓减的发展背景下已经迈入通过提高服务质量来提高竞争力的新阶段。

第四，铁路项目投资回报率提升，铁路投资备受关注。在 20 世纪 70 年代里，铁路物流领域平均净投资回报比下降至 1.9%。在 1979 年铁路行业实施改革政策之后，此领域的回报比有所增加，到了 2000 年的时候，其回报比超过了 8.6%，同时，在进入 2011 年的时候，Ⅰ级铁路的平均净资产收益率 ROE 也超过了 16.2%。为此，铁路产业受到一系列资本的关注，不动产资金投资年复合提升率大概是 6%。

第五，铁路事故数量减少。在 1980—2011 年之间，铁路事故的发生概率减少了 75%，三岔口出现突发事故的概率减少了 79%，安全事故发生数量持续减少。

三、美国铁路改革对中国的启示

美国政府做出的主要措施有放松经济管制、调整市场进入和退出机制、改善企业的投资融资方式、为刚进入行业的企业提供技术支持等，这些措施的实施促进了美国铁路运输业建立并完善合理、科学、公平的市场竞争机制。美国在铁路规制改革中能够实现成功的主要因素可以归为两个词：放权和竞争。

（一）放松政府规制

放权，即放松管制，它给铁路企业带来了自由发展的空间。私有化和对路网、设备的自由支配权，使得企业在发展过程中在提供服务和制定价格方面都可以以市场需求为主导，从而真正实现市场导向型行业和企业的建设和发展。

竞争，即将竞争机制引入铁路运输业，这是美国和世界其他国家铁路规制改革获得成功的共性要素。通过政府合理管制，鼓励不同企业之间的公平和有效竞争，实现了行业资源整合和企业的重组，从而实现了资源优化配置和生产经营成本的降低，提高了企业经济效益，也为货主提供更加廉价、便捷和优质的服务打造了基础①。

（二）培育有效竞争

放松对铁路运输业的政府管制是美国乃至世界很多国家铁路规制改革的关键一着，但是放松管制并不是放弃管制，也不是强调单纯彻底的放松，而是通过有目的、有针对性的放松管制来培育市场，这更有利于企业在竞争中实现发展，更有利于铁路行业结构优化②。美国在培育市场上所采取的主要方法是首先成立国有公司为其他企业提供发展和变革的模板，然后放松经济规制并鼓励各方进行公平理性的竞争。

在美国的铁路规制改革中，最重要的方法还是建立企业竞争的市场并通过多种途径为企业之间实现行业内的竞争提供条件。市场竞争机制的建立和成熟可谓是美国铁路规制改革成功的关键因素。

---

① 张利，汪贵浦．铁路改革模式的国际比较及借鉴［J］．经济师，2003(09)．

② 来有为，宋方明．美国铁路规制改革[J]．经济理论与经济管理，2003(03)．

第二节　日本的铁路产业规制改革

日本虽然国土面积不大，但是他们的铁路线却比较多。铁路线纵横交错，为日本人民出行提供了方便。尤其是高速铁路新干线目前已经成为日本人民生活中的基础设施。日本铁路购买车票非常容易，因此，乘火车出行是日本人民普遍选择的交通方式。日本铁路取得如今的成就，与他们的铁路规制改革有很大关系。

一、规制改革的背景和主要做法

（一）规制改革的背景

日本的铁路规制改革开展前，根据经营形式和所有权的不同主要分为国有、私营和城市公交铁路三种，基本特点如下：

第一，国家铁路是主要的铁路线，采取国有经营形式，这种铁路有100多年的历史，并且铁路线分布于所有地区，员工总数也非常多。私营铁路，主要是用于城郊运输以及城市内部的运输，促进城市内部发展，为人们出行提供方便。城市公交铁路，主要是指地铁，一般是用于货物运输或者城际干线运输。1951—1987年日本政府对铁路实现完全国有，因此进行了大量的财政投资。国有铁路在全国铁路中占据了重要位置，不仅是核心交通线路，而且具有技术领先、安全性高、运输量大以及速度快等特点。因为铁路营业的形式为国营，因此管理模式基本上是全国统一管理，组织构架为金字塔式。政府对国有铁路进行统一管理，包括铁路的规划、收费以及资源调配等都要通过政府的同意才能实施。

第二，铁路运输以客运为主。这一特点是由日本的地理环境以及人口分布决定的。日本是一个人口密度较大的国家，城市化程度较高。各个都道府县之间的人口密度差别也很大，以东京、大阪以及名古屋为中心的三大城市圈是日本经济发展最快的地区。一直以来，几乎半数人口集中在三大城市圈。另外，日本陆地面积不大，经济集中，其货物运输相对客运需求少。人口高密度分布及货运需求少这两方面就决定了日本铁路以客运为主，且跨区客流比重小。

第三，铁路改革前的运营效率低下，市场竞争能力逐年下降。自从 20 世纪 60 年代以来，日本的铁路改革逐渐变得困难，因为汽车运输以及民航运输逐渐发达，很多时候替代了铁路运输。再加上日本国有铁路长期受到政府的统一管理、垄断经营，这就使其效率较低，纠错速度慢。另外，国有铁路在铁路运输价格等方面不能完全依照市场来制定，需要综合考虑多方因素，这使得国有铁路在市场中的竞争力下降，并逐渐失去了“霸主”地位。随着国有铁路运营效率和效益的不断降低，开始出现亏损状况。1964 年，国铁首次出现了 300 亿日元的经营赤字，此后，经营净亏损额逐年扩大，债务不断增长。在 80 年代，国有铁路的赤字金额破 1 万亿日元，并且赤字金额持续升高。为了改善这种状况，消除赤字，政府只有提高国有铁路的运费，短短的 6 年时间，日本国有铁路的运费提高了将近 40%。在 20 世纪 90 年代初期，国有铁路市场份额已跌至 5% 以下。

经营效率的低下、竞争力的丧失决定了日本铁路产业规制改革已迫在眉睫。日本铁路规制改革经历了 20 多年的时间，期间也经历实践摸索的过程，经过几次尝试之后，最终取得了不错的成效。

（二）规制改革的主要做法

随着日本国有铁路的亏损不断加剧，为了提高收入来源，避免财政赤字，政府不得不进行铁路改革，改革的前提是要找出铁路亏损的根本原因。日本国有铁路出现亏损的主要原因是政府对其管理比较严格。在 1949 年的时候，日本国有铁路是“公社”形式建立的，这种形式建立的主要目的是让日本国有铁路能够在公共性和企业性方面得到统一。但也正因如此，导致国有铁路的企业性被降低，究其原因，主要有三点：第一，政府的管理限制了国有铁路的自主经营权，这就导致经营者不能正确划分和承担相应的责任。第二，政治化的规制导致日本的国有铁路不能按照市场的自然发展而经营，在工资、运费以及管理等方面容易受到政府的控制。第三，因为国有铁路是政府直接管辖，因此具有一定的垄断性，这就导致国有铁路相关的工作人员缺乏竞争意识，竞争能力不强，为其亏损埋下伏笔。

随着日本国有铁路的不断亏损，政府开始进行重新改革。自 1969 年开始，政府对国有铁路前后进行了五次改革，但都没有成功，不仅没有降低亏损额，反而提升了亏损。但这五次改革并不是没有任何作用的，它为以后国有铁路改革的成功付出了试错成本。在对日本国有铁路改革的基础上，政府不断总结经验，并进行相关的分析，最后发现要想实现国有铁路的改革，不改变其原有的经营模式是不能取得成功的，而要想实现国有铁路的正常化发展，扭转亏损，就必须要将原来的管理制度进行调整，实行民营化管理。因此，日本设立了“国铁再建监理委员会”，并通过分析和探讨提出了国有铁路的改革方案，从此开始进行大规模的改革，实行民营化管理，日本国有铁路自从长期亏损的不良发展状况开始逐渐好转。

日本国有铁路改革主要是组建进行客运服务的日本铁路公司[①]（Japan Railways），同时成立了一家货运公司，通过向客运公司租借线路进行基本的运行。起初，这些公司都是由政府出资的，但是随着国有铁路的改革，这些公司被要求进行股份出售，并且转化为民营公司。转化的公司有自己的经营责任，并且有自主经营权，业务经营以及收费标准国家不再干预。因为日本国有铁路新干线的收益比较高，所以政府在国有铁路改革期初便设立了保有机构，将所有的新干线归保有机构管理，并且向公司收取相关的租赁费用，用于债务的清偿，直到 1991 年才将所有的新干线卖出去。本岛的三个公司承

① 日本铁路公司（Japan Railways）是日本的大型铁路公司集团，其前身为日本国有铁道（简称“国铁”，常用的缩写名称为“JNR”）。日本国铁于 1987 年分割为七间公司，并将原本国有的经营权移转为民营（国铁分割民营化），其所分离而出的各公司合称为“日本铁路公司”。日本铁路公司有时会译为日本旅客铁道，然而日本铁路公司中也有货运铁道公司。在强调其整体的场合，也会称为日本铁路公司集团（JR グループ）。

担一部分债务，剩下的债务交由国有铁路清算单位处理，偿还的主要方式为出售公司股份、出售周边土地以及新干线收入等。之后由于受到利息变动以及金融危机的影响，这些偿还的计划没有完全实现。1998 年，国家制定了新的债务偿还计划，并且解散了国有铁路清算事业团。至此，日本所有的国有铁路债务归为国家财政，成了国家债务。

（三）日本铁路产业规制改革的政策分析

因为日本国有铁路是国家出资的，所以它不仅有公共企业的特性，还带有国家的公共性，因此，进行改革之前要国会审议，通过审议制定全面的改革对策。通过改革，政府对国有铁路进行了大规模的调整，将原来的限制政策废除，并完善了相关法律，加强了安全管理。具体的改革政策可以总结为下面几点：

1. 将政府规制的方式和内容进行变革，建立全面完善的法律

规制改革之前，日本国有铁路是依据《铁道建设法》《国有铁道运费法》等运行的，与铁路相关的业务都需要进行上报，比如营业线路的取消以及更改、铁路段的施工建设、铁路收费标准以及投资等。这些政策的实施不利于铁路的管理，因此在改革之后，日本将原来的法律废除了，并且依据铁路改革的需求颁布了新的铁路改革法，同时成立了新的铁路管理集团，建立了全面的法律规范。

日本政府不仅废除了旧的法律制度，而且对国有铁路的规制方式和内容也进行了变革。将国有铁路的管理权基本上全部交给了相应的集团，政府不再事事参与决策，只是在个别重大事件上参与管理和决策。同时，对铁路在运输方面的投资政府也不再进行限制，只要铁路企业依据国家规定取得经营权利即可。另外，因为铁路运行中的安全问题是重要问题，所以，政府加强了对铁路安全的检测和管理，但这并不是依据之前的管理内容和方式进行的，而是在之前安全管理的基础上进行了优化，制定了更加清晰健全的管理方式，并且增加了安全管理的资金投入。

在铁路运价规制方面，政府进行了更加健全的改革。最开始国有铁路的运价由国会决定，之后改革为运输大臣决定，通过新的改革之后转变为上限认可制。刚开始的运价构成主要参考合理的成本以及相关的利润，并且要遵循不能与其他的铁路企业发生不正当的竞争、不能使铁路需求者承担困难以及不附加给货主不正当的歧视等原则。日本国有铁路从2000年开始实行了上限认可制，铁路管理人员在确定相关收费之后要向上级报告，并且可以在上级认可的范围内进行铁路收费的变更，只要变革的范围在上级认可的上限之内即可。这种方式的实施，促进了日本国有铁路的发展，同时也说明国家开始放松铁路运价的限制。

2. 采取横向分割的重组模式

铁路运行效率的关键是产权制度改革。日本政府在对国有铁路运行和管理进行了分析之后，将传统的国营体制废除，实施民营化管理。其改革采用了横向分割的模式，依据经营基础和运输状况对客运公司进行划分，将区域公司作为主要管理部门，并将区域内网运分离作为辅助性举措。一方面保证划分的合理性，促进各个管理公司的收益完整；另一方面促进管理公司的财务平衡。同时，政府依据公司管理和运行的状况给予适当的补贴，重组模式最终促进了日本铁路公司的发展。

日本国有铁路的规制改革依据自身的国情进行，改革模式与日本的发展相适应：第一，日本国土面积小、人口密度大并且人居相对比较集中，铁路的负荷较重并且路网能力不足，因此如果采用路网和客运分离的形式并不能很好地缓解铁路的压力。第二，通过对日本铁路的运输分析之后，可以发现，货运的份额比较少，而客运的份额比较大，因此如果进行货运分割，那么就不能促进日本铁路的收支平衡。所以，依据这个状况，日本铁路采用货运向客运租借，并将客运与路网合一的方式。这样不仅适应了客运份额大、货运份额小的特点，而且促进了铁路的运输，提高了运输效率，同时也平衡了收支。

3. 投融资体制改革

日本国有铁路改革需要大量的资金，为了解决这个问题，日本采取通过证券市场推进企业融资以及政府补贴的方式进行融资。将原来的《铁路建设法》

废除，国家自此不再干预新干线的建设，将这些权利全部交给铁路管理公司，也就是说铁路管理公司可以依据实际需要决定是否进行新线建设。同时，政府针对 JR 集团的运输投资和铁路建设会适当给予补助，还可以提供一定的贷款，这就促进了铁路的建设。通过证券融资以及政府补贴的方式，很大程度上减轻了企业的负担，节约了资金。

二、规制改革的成效

日本的铁路改革给日本的交通运输业带来了积极的影响，不仅促进了铁路的发展，而且提高了服务质量，平衡了财政收支。具体成效可以总结为以下几点：

（一）促进了路网建设，提升了铁路的运输效率

比如，北海道铁路公司依据实际需求重新修建了通往机场的铁路，减少了汽车运输的压力；东日本铁路公司为了提高运输能力，从各个方面开始增加投资，不仅包括空调列车数量的增加，还包括双层列车的引进；日本铁路公司为了实现更加全面地铁路运行，适应不平的地形，投入了摆式列车和电气化列车。

（二）提升了铁路服务的质量

日本铁路的改革不仅是对运输状况进行改革，硬件方面增加了运输线路，改善了站内环境，软件服务方面也进行了相应的改革，注重对列车运行时刻表的调整，改善了待客态度，这都无形中提高了客运量。

（三）改善了财务状况

成效主要体现在三个方面：首先，政府在铁路改革以及管理中给予补助，对于降低铁路公司的财政困难有重要作用，促进了铁路公司的财务稳定。与之前相比，政府所给予的补助更多，并且铁路公司所交的税额更低，这就为其再发展奠定了基础。其次，通过国有铁路的改革，在铁路服务方面提升了

很多，在无形中吸引了更多的客流量，随之而来的是铁路行业的收入增加，扩展了铁路公司的资金来源。此外，铁路时刻表调整以及站内环境美化等一些看似简单的环节，通过规制优化改进，吸引了更多的客流量。最后，铁路新干线的增加，使得日本的路网更加发达，满足了不同人们不同的铁路线路需求，很大程度上方便了人们出行，这就无形中提升了铁路在人们心目中的地位，增加了铁路出行的效率。同时，经过铁路路网的调整，路网分布更加密切，因为之前汽车运输压力较大，人们更愿意采用铁路出行，铁路运输效率提升了，降低了汽车运行压力。

三、日本铁路改革对中国启示

（一）改革的关键是政企分开

日本铁路经营独立化是其改革的开始。日本铁路经营权在民营化之前也是由国家控制的，因此铁路在经营过程中，没有完全的独立自主性。但自从实现铁路独立经营后，铁路公司与国家职能之间的权责有了明确的分离，铁路公司在经营过程中可以依据《铁道事业法》从事相关事务，这使得铁路公司在一定程度上实现了独立性，保证了企业的正常经营，促进了企业的发展[①]。

日本实施的铁路改革实现了经营独立和建设投入的独立。因为在长期的国家铁路控制下，日本政府发现，铁路投入需要巨大的经费，而单一的依靠政府财政投入是不够的，对于日本财政而言也是一项负担。政府独立经营也会产生一些不利影响，造成铁路经营的滞后。在对铁路管理进行改革后，实现了对铁路管理的民营化，明确了在铁路管理和建设中政府和企业各自的责任。在铁路建设过程中，政府主要辅助企业进行铁路建设，做一些企业无法完成的工作，因为铁路建设关系到国计民生，属于对国家经济发展具有重要作用的项目，因此企业在铁路建设中如果出现资金短缺等问题，国家会在第

① 王晓亭，张秋生 . 日本国铁改革对我们的启示 [J]. 价格与市场，2002(2).

一时间给予帮助。另外，日本政府推行铁路经营的市场化，利用所有制变化对铁路公司进行结构调整，促进了铁路公司的顺利发展。目前，东日本铁路公司已经出售了大量的股份，国外股东占公司份额近20%，国外股东的新思路、新想法对公司的发展也起到了推动作用。

（二）企业运营要市场化

铁路公司企业的结构调整并非随意而为，需要根据市场因素来决定。第一，铁路的建设需要考虑客流因素。铁路建设的目的就是为了服务群众，要将运营考虑在第一位，因此在设计时不应该在人流量特别大的地方进行分界。另外，在公司的经营过程中，要考虑到有线和新干线之间的平衡，并且要根据各线路的经营状况实行内部财务补贴。第二，要确保财务平衡，保证各个铁路公司平衡发展。第三，要合理控制公司和人员规模，对公司进行适度的人员控制和管理。

（三）模式选择要符合国情

日本铁路形成了以区域公司为主、网运分离为辅的铁路管理模式。日本的铁路实际情况和欧洲相比具有发展的紧迫性和实际能力的薄弱性，日本的国土面积和人口数量决定了日本人口的高密度（尤其是城市人口密度），在实际的铁路管理过程中实现铁路网基础设施和铁路客货运输分离的交易成本会更高，因此需要发挥区域公司的作用，通过在客运方面实现网运统一，在货运方面实现网运分离，提高铁路运输的效率，降低铁路运输的成本。我国的铁路发展和管理的实际情况是铁路负荷的压力比日本和欧洲都更大，而且我国铁路的主干线和日本新干线日公里通车数远大于欧洲。在我国实行铁路改革的过程中必须从我国铁路负荷、铁路质量、铁路运输和线路设施的紧密关系出发来进行改革。

根据日本的铁路改革，其采用的竞争机制主要是行业外竞争，即通过对区域公司的服务质量和经营效益的市场化改革使其在发展过程中面临诸多竞争。由于日本铁路很少存在平行干线，因此竞争主要是行业外部的竞争，例如航空、公路、货轮等其他的运输方式。从我国运输行业的发展状况和铁路发展的竞争机制来看，我国铁路的竞争机制主要也在于行业外竞争。值得一提的是，无论何种运输方式实现怎样的发展，铁路在我国的长途运输中都占据主要地位，加强和引进行业内竞争，会更加有效地提高行业服务质量和经营效益。

第三节　欧洲主要国家的铁路产业规制改革

一、规制改革的背景和主要做法

（一）规制改革的背景

20 世纪 80 年代以来，欧洲国家先后开始实行铁路改革，改革的原因和背景主要是：在传统的铁路国营方式主导下，铁路产业发展迟缓，服务质量和经济效益越来越差。因此，在欧洲国家实行铁路规制改革的主要措施就是通过将市场机制引入铁路行业来加强行业内外的竞争性，从而通过发挥市场优胜劣汰的作用来实现铁路行业的转型和改革，实现降低成本、提高质量、促进改革、增加效益的目的。通过铁路规制改革，上述目的也确实得以实现。在欧洲铁路规制改革浪潮中，瑞典率先对原有的铁路体制进行了改革，从改革的成功程度来看，英国的改革是最成功的范例。英国铁路经过改革之后，体制得到了完善，市场地位进一步得到加强，因此被公认为是世界铁路规制改革的典范案例。

在实行铁路规制改革之前，尤其是在 20 世纪 80 年代前夕，英国作为欧洲重要国家，在铁路行业管理和运行中具有明显的典型代表性。这种典型性主要体现在以下三方面：第一，英国铁路行业从 1947 年颁布英国运输法案后，英国铁路公司[①]对整个铁路行业具有了主导权和绝对的掌控权。英国铁路公司又称为 BR，它是英国一家大型国有铁路企业，掌控着铁路运行中涉及的几乎

① 英国铁路公司（英语：British Railways，1962 年后改称 British Rail,BR），是英国国有运输公司，在 1947 年至 1997 年间管理着英国绝大多数的铁路运输系统。

所有业务，在行业内占据绝对的垄断地位。第二，在经济效益方面，铁路产业效益低下，甚至出现了严重的亏损现象。在BR对行业的垄断之下，铁路行业形成了国家制定的垄断价格。由于是国家垄断，因而无法调动行业积极性，从而导致铁路行业服务质量低下，经济效益也随之不断下滑，政府投入的财政补贴却在逐年上涨。第三，区域发展不能实现联动效应。英国是由不同的区域组成的国家，在国家内部的五个区中，实行铁路分区管理机制，这种机制使得不同的区域间不能实现联动效应，而且在不同的区域不能因地制宜，而是形成了僵化模式。

（二）规制改革的主要做法

1. 网运分离

英国以及欧洲铁路采取的主要模式是网运分离，采用纵向分割手段，将铁路网基础设施和铁路客货运输分离，在铁路行业内引进竞争机制，从而实现铁路规制改革。

瑞典是铁路规制改革的先行者，且规制较为成功。瑞典在1988年对国家铁路行业进行一分为二的纵向分割，将原属于一个部门监管的铁路行业划分为铁路线路基础设施和铁路具体运营两大部分，由两大公司承运。

英国铁路行业重组效果最好。英国的铁路规制主要经历了三个发展阶段：第一阶段为1982年到1988年的区域改革为主阶段。在这一阶段，对原来的铁路管理体制的进行条块结合，并对英国五区的铁路局实行改革，使其在具体的业务操作上减少职能。第二阶段为1988年到1992年间的事业部改革阶段。在这一阶段，对英国铁路五个区的职能进一步改革以至于最终撤销了5个地区局，并根据市场的需要和实际的业务分布在英国设立6个垂直业务部，使其承担符合该部门业务种类的业务。6个垂直部之间通过协作来实现内部协调。在工作权限上看，虽然6个部门不具有独立法人地位，但是彼此进行内部价格清算时独立操作。第三阶段是1992年之后的网运分离阶段。网运分离指的是在实际的铁路运输管理过程中将铁路网基础设施和铁路客货运输分离。英国的网运分离肇始于1992年英国政府颁布英国铁路产权私有化的政府白皮书，在1994年推行了新的《英国铁路法》[1]后正式开启了英国网运分离的进程。这一过程是渐进发展的过程，在网运分离之初，英国铁路行业在整个市场中只有一家线路公司、三家机车租赁公司和三家机车修理公司，随着经济的发展，各种高技术的兴起，新型运输方式不断涌现，铁路市场也不断进行细化，加盟的企业越来越多并最终形成了具有百余家公司共同参与铁路行业建设和竞争的局面。在铁路行业中，线路公司属于国有企业，拥有对铁路的基础设施的垄断经营地位，其他企业在路网使用权上通过平等竞争实现各自的发展。另外，为了保障铁路行业的有序发展和市场的有序竞争，英国成立了铁路协调管理办公室来负责对铁路行业中的诸多企业进行管理和监督，从而加强了管理，促进了竞争，保障了效益和消费者权益。

2. 特许经营

在瑞典政府首先实行特许经营制度后，欧洲各国政府纷纷效仿。实践证明，不能完全将铁路行业发展方向和规模交给市场，还需要加强政府作用的发挥，实行特许权经营就是其中一种手段，这种手段对于铁路行业竞争和规模经济两者之间关系的有效把握具有关键性作用。瑞典在实行网运分离之后组建了专门负责铁路营运的公司SJ，在特许权招标的过程中，汽车客运公司通过招标取得了两项特许权，这一举动打破了SJ公司的垄断局面。通过特许经营权的授予，该公司打破了SJ公司独揽大局的态势，这种有效竞争实现了瑞典铁路在运营过程中效率的提升，从而提高了经济效益。

英国在瑞典模式基础上做出了进一步的发展。英国不是对个别业务，而是对客运的全部业务都通过特许经营的方式来转让经营。通过英国铁路客运特许经营办公室的成立来管理具体特许经营权的相关事宜，包括特许经营权的审批及费用、政府补贴的管理、机车标准的管理和监察等，从而保证特许

[1] 1994年4月1日，《英国铁路法》生效，铁路私有化改革开始。《铁路法》明确规定：通过特许经营方式将英国铁路公司的全部客运业务出售给私人企业，其货运业务同样出售给私人企业；给予铁路客货运经营者在铁路网运营的权利；分离铁路网业务与列车机车车辆业务，列车机车出租；将铁路网公司私有化；任命铁路监督总监监管铁路网运营，任命发放特许经营执照的总监负责特许经营；改善铁路经营权的转让问题等。

经营权在中标之后能够保持高效的运行。

3. 规制体制改革

欧洲各国铁路规制体制方面的改革主要体现在改变了国家在铁路行业中的垄断性地位，通过改革体制来导入竞争，政府对于路网的具体操作不是直接控制的。各国建立自己的铁路规制办公室，通过提供服务、公平收费来确保不同企业在竞争中处于同等地位。例如，英国 ORR 对英国铁路公司的管理主要体现在意见性的指导上，而不会通过设立硬性指标来直接干预。

4. 融资体制改革

欧洲铁路行业私有化之后，融资问题也逐渐浮出水面。各国完善融资体制改革的主要手段有：第一，企业自身通过上市、招标等手段求助于金融市场，从而融得资金；第二，政府通过相关优惠政策的推行来吸引企业的投资；第三，政府对企业的直接投资依然是铁路行业发展的主要融资手段。

5. 产权体制改革

网运分离的结果是在欧洲形成了线路等基础设施归国家所有、路网使用权归企业私有的局面。网运分离只是欧洲各国铁路私有化的一个开端，在后来的发展中，其私有化程度逐渐加深，以致最终达到了铁路产权完全私有的局面。在线路等基础设施方面，线路公司起初属于国有，后来通过上市实现了产权的私有化。运营部分的路网使用权则从最开始的由个别几家公司掌握，发展到后来的由超过百家公司共同拥有，实现了产权完全私有化。

二、规制改革的成效

以英国为例，网运分离改革后取得了很好的成效：

第一，英国铁路公司得到了发展，效益进一步提高。1999—2000 年的税前利润达到了 4.21 亿英镑，远远超过其他年度的利润。

第二，改革之后无论是客运还是货运的运输量都有了很大的提升。客运量增加了 30% 以上，货运量则增加了 40% 以上。

第三，铁路的发展也为其带来了更多的融资的渠道，社会资本和私人资本大量进入。

第四，大力提高了英国的客货运公司的积极性，工作效率进一步提升，促进了公司效益的增长，利润也大幅度增加。

三、欧洲铁路改革对中国的启示

1. 追求效率，兼顾公平

在吸取国外经验的时候一定要根据我国的实际情况进行有效的筛选。我国各地经济发展水平存在明显差异，铁路改革一定不能只追求效率，还要在这个过程中兼顾公平。

2. 政企职能要分离

实现政府职能和企业职能的分离。企业虽然脱离了政府，但是政府对铁路公司还有一定的管制权，并且为了更好地促进公司的发展，政府可以对铁路公司实施优惠政策或者是资金的补贴，同时可以对经济发展水平比较低的地区实行限价①。

3. 放松规制，赋予消费者选择权

通过取消原有的具体规制条款而代替以间接的、宽松的管理款项，不再对铁路行业实行过多的直接干预，而较多采用间接调控的手段。放松规制的意义主要在于对消费者选择权的尊重和倚重，任何市场竞争最终都是面对消费者的竞争，铁路行业也不例外。政府通过将大部分权利交给企业和市场，并在产权上进行铁路重组，实现了提高消费者选择权的目的，从而使得铁路产业服务真正面对消费者，提高了效率和服务质量②。

4. 在法律构建基础上进行规制改革

规制改革的基础都是相关法律法规，法律的制定对于保障铁路产业的公平有序竞争、明确权责和提高效率质量都有重要作用。比如英国 1994 年实施的《铁路法》，在英国铁路规制改革中就占据着指导性的地位，对实施网运分离发挥了重要作用。

---

① 刘蕾蕾．国外铁路重组模式的分析与比较 [J]. 铁道运输与经济，2003（2）.

② 李平．论放松规制——政府规制改革的方向 [J]. 东莞理工学院学报，2007（6）.

5. 成立专门的铁路产业规制机构

设立专门的规制机构，为铁路产业规制改革的顺利完成提供体制保障。政府在这一过程中发挥的是维护市场、保障公平竞争权利的作用和职能，企业在此过程中得到了铁路规制机构的管理而使得市场更加有序和高效。

6. 推动产权制度改革

产权制度的变革为铁路行业规制改革注入了活力，为竞争机制的引入提供了根本保障。欧洲主要国家铁路行业在改革前均属于国家所有，通过产权的转移、分割、重组等形式的变动实现了私有化。通过产权制度的私有化，更多企业进入铁路行业，从而为铁路行业的发展注入持久竞争活力。

第四节　主要发达国家铁路产业规制改革对中国启示借鉴的总结归纳

一、规制改革的背景和主要做法的总结

（一）共同性改革背景

从供需失衡、产权结构等角度入手分析，主要发达国家的铁路产业规制改革有着很多共同性的背景，例如：铁路运输公司本身运营难度大，财政补助无法维持；铁路运输效率低，服务水平差，供需矛盾大；基础设施系统较为完善，大规模铁路项目建设基本完成；在推行改革之前，各国铁路产业已经相继开展了一系列改革举措，研究了多个改革模式；铁路改革与全球领域内的私有化趋势密切相连等。

（二）主要做法

1. 美国模式：“网运合一”模式

即“多个网运合一的私有公司”模式，这种模式的主要做法：一是放松管制；

二是客货分营；三是大规模兼并重组。

2. 日本模式：“网运合一”模式

主要做法：一是区域分割；二是政企分开。

3. 欧洲模式：“网运分离”模式

将铁路客货运营与线路基础设施相分离。

现阶段，通过网运脱离的水平来分析，分三种形式，“会计脱离”和“部门脱离”是为实现“组织脱离”做准备的阶段性方案。

第一，“组织脱离”：基础设施的经营和维护都交给具有独立特征的路网企业管理，同时这一企业通常具备公有性。荷兰、英国、瑞典、丹麦、印度等国家选择了这一模式。

第二，“部门脱离”：在公司集团里根据“单位制”或“事业单位制”开展的项目监管活动，同时财务独立，具体可参照德国的铁路运营。

第三，“会计脱离”：也就是在企业内根据客运、货运与路网的项目给予分类，达到财务核算方面的独账监管，具体可参照比利时、希腊、奥地利等国家的铁路（见表 3–2）。

表 3–2 美国、日本和欧洲铁路规制改革前比较

国家	市场结构	铁路所有权	基础设施所有权	网运分离状况	规制框架
美国	竞争状态	私营	铁路公司所有	存在路网准入权	价格规制，退出规制（禁止亏损企业退出）
日本	垄断	国有	国有	网运合一	价格规制
欧洲	政府垄断	拥有管理自主权的政府机构	国有	网运合一	自由定价（某些服务除外）

二、铁路改革的相关利益关系协调

（一）历史遗留问题的处理

铁路债务与职员安置是每个国家在进行铁路改革时面临的一个共同难题。

债务方面，绝大部分国家最后基本上是由政府承揽，有些国家通过铁路资产出售等方式偿还部分债务。员工安置方面，大部分国家都采用往新创建公司分流、政府接管等方式对职员安置问题给予有效应对。

日本铁路推行改革期间，也对铁路资产开展了私有化运营活动，一些债务利用转售铁路资产给予归偿，其他一些需要政府给予担负。1985 年，职员总人数超过了 28.2 万人。1986 年改革，职员安置中约有 19.03 万人是铁路企业选聘，3.97 万人是主动离退，2.48 万人进入结算事业部，2.09 万人进入其他政府机构，另有 0.63 万人通过其他方式安置。

德国铁路推行改革期间，按照国家铁路重组法，联邦铁路资产监督局担负了以往德国联邦铁路留下的负债，并且担负了铁路近 10 万名职员的薪资与福利补助职责，同时还担负起 23 万离退员工养老金的支付与 8 万被裁员工的再就业安置工作。

法国铁路还没有进行改革之前，国营铁路企业（SNCF）的债务总量是 2000 多亿法郎，铁路改革后，新组建的铁路网企业（RFF）接管了 80% 以上债务和财政欠款，法国中央财政预算中对 RFF 所承担的债务利息给予了安排。对于职员安置，法国铁路基本未开展裁员活动，仅仅是对职员岗位进行了一些调整。

（二）对路网建设的投资

20 世纪 80 年代以来，政府主要负责铁路基础设施方面的建设，客运货运公司则只是对这些基础设施进行一定的投资，这种投资的依据主要是货运或者客运公司对设施的使用情况。

20 世纪末，美国铁路并未出现明显的转变，铁路投资以铁路企业投资为中心，联邦政府是重点对个别有计划性的工程项目给予投资。如在 2008 年的时候，联邦政府构建了覆盖 12 条线路的高铁建设规划，当时的美国政府决定在未来的 5 年里，每年对这一建设项目投资数十亿美元。

日本在经过一系列的改革之后，政府成了铁路建设的主要投资者，尤其是在公益性的铁路建设方面，日本政府的投资更大。在新干线项目上，日本政府、铁路建成之后的受益地方政府、铁路运营公司各自投资一部分，其中政府投资约占总投资的2/3、地方政府占总投资的1/3、运营公司只占小部分；在大都市通勤铁路项目上，中央政府、受益的地方政府、运营公司三者按比例进行铁路建设的投资；在地方铁路的开发性项目上，地方政府是主要的投资者；在盈利性的项目上，主要是通过吸引一些大中小型的企业进行投资。

英国方面，政府的路网建设投资政策发生过几次大的变化，随着路网公司的上市，政府不再对铁路进行直接投资，导致铁路的路网建设情况不断恶化，影响到铁路运输的发展。后来为了改变这种情况，政府重新对路网进行了投资，在2000年之后英国政府对铁路路网建设的投资比例已超过30%。

德国在进行铁路方面的改革之后又提出新建、扩建铁路等提议，并指出铁路的投资主要由政府负责。同时，根据德国的《乡镇交通融资法》，短途运输也可以得到国家在新建、改建、扩建方面的资金支持。联邦政府从燃油税中提取部分资金支持联邦铁路。

法国铁路建设投资主要由RFF负责，RFF是法国的国有铁路网公司，RFF的具体投资额主要是根据铁路建成后的回报来决定的。政府、受益企业主要负责RFF投资之后的不足部分。

（三）对铁路运营的补贴

由于铁路运输的特殊性，所以铁路建设中需要政府对其进行一定的补贴。国家也通过对铁路运输进行补贴来达到政治、经济、军事等方面的战略目的。政府的补贴对象主要是客运运输以及地区运输的铁路网建设，针对的一般是三种情况：地区铁路运输、国土开发性的运输、社会必须性的铁路运输。

美国对铁路的补贴主要是由Amtrak来完成的。主要是满足城市间的客运需求，此外还会对一些严重亏损线路进行补贴。

日本在铁路改革之后，国家铁路由原来的国有变为了民营，政府对其补贴有一定的减少，每年大概是30亿元左右。政府对客流比较少的几家公司进行补贴，维持铁路的稳定运营，并实施了相关的资金补助措施，用于弥补企业经营出现的赤字。

英国政府为国内的铁路客运和货运都提供大量补贴，目前对铁路客运的补贴在客运收入总占比已超过 35%，有的年份甚至能达到 50%[①]。

德国从 1996 年开始对公共短途旅客运输实行地方化的政策。政府对地方的铁路、公路等短途运输的补贴主要来自国家收取的燃油税。德国铁路获得的地方化资金从实施初期的 50 亿欧元已涨到目前的近百亿欧元。

（四）运价政策

大部分国家对铁路运营开展动态化监管，确保达到特定的社会发展目标和金融目标。各国积极构建铁路竞争氛围，但监督的范畴与力度是有差异的。

美国地面运输委员会 STB 的主要职责是对铁路运价给予监督。对于无竞争化的线路，假若顾客对运价有异议提出申诉，STB 会展开调查。对于垄断性运输线路，为了保证一定的市场竞争，STB 会规定其他铁路公司可以通过租用的方式获得这条线路的使用权。对竞争化线路来说，铁路企业具备绝对的定价选择权，基本是推行协议运价政策。美国 1970 年所颁布的《铁路旅客运输法》中，明确强调了运输价格从此之后完全脱离《州际商务条例》[②] 里所标定的关于运输价格等相关协议的限制，Amtrak 针对票价的确定具有自由选择权。

1997 年以后，日本铁路也逐渐放松对运价规制，设立上限价格运价体系。对于运营方来说，对运价进行调整一定要在主管部门认同的最高上限运价范围内，同时必须提前申请预案。

1982 年法国的《国内运输指导法》明确规定，政府具有铁路运价的最终调整权力。铁路企业可以在政府定价基础上合理进行价格的调整，但不能超过政府规定的基本价格。

（五）其他支持政策

一是税收政策支持。为支持铁路发展，大部分国家对铁路行业税率给予优惠，并设置税收减免政策。美国铁路燃油税享受很大优惠，客运铁路几乎

---

① 刘志军 . 认清面临的形势 推进和谐铁路建设 实现我国铁路又好又快发展 [J]. 铁道经济研究，2007-02-10.

② 美国国会于 1887 年 2 月通过《州际商务法》。在该条例的管制下，美国成立行政系统中首个专门的管制委员会——州际商务委员会，并成为“进步时代”美国政府管制商业大托拉斯、维护公平的先声。

全面享受免税政策。美国在 2007 年曾对具有扩大铁路运输能力的联运、新线、机车等设施的建设和铁路基础设施建设方面实施了税收抵免的政策，究其原因是这些线路的建设能在很大程度上扩充货运铁路的运输功能。法国政府对客运增值税收取的税率只有 5.5%，而国内的标准的增值税税率是 19.6%。日本在实施国家铁路民营化之后，大幅度实施减免税政策，减免比例达到 50% 以上。

二是土地政策支持。有的国家无偿提供铁路所占土地，有的国家采用多种方式对划拨给铁路行业的用地给予优惠支持。日本国家铁路改革所确立的一系列法律条例明确指出，为了更好地实施有关制度，结算事业部（也涉及之后组建的日本铁路建设公团）能够对其所有土地开展宅地建设，并可以对其进行管理与转让。德国《通用铁路法》规定，根据相关建设与拓展规划，假若某一土地必须要征用，那么就算是当事者反对，征用局也能够有权按照申请征用此土地。

（六）最新支持政策

随着能源消耗和节能减排的标准要求越来越高，世界各国也全面意识到铁路运输在交通系统绿色环保方面发挥的重要作用，纷纷出台全新的推动铁路发展的政策。2004 年德国组建了交通基础设施融资企业（VIFG），利用征收卡车公路行驶费与帆船水路行驶费的航运税，为个别铁路工程建设提供经济补助。2005 年，法国政府也组建了独立的基础建设项目集资单位（AFITF），利用收取高速公路企业股息与国有土地应用费，对个别铁路工程建设的发展提供经济补助。

三、主要发达国家铁路产业规制改革对中国的启示借鉴

从产业组织层面分析，需要考虑规模经济与竞争背景，政府对铁路产业的涉入情况也会伴随着经济发展的不同时期与具体国情进行动态化调整。

（一）关注规模经济

铁路运输具有规模经济、范围经济的特点，此外铁路建设还存在着运输

线路长、耗费成本较高的特点。与日本、法国、英国、德国相比，我国的幅员辽阔、土地面积大、人口众多，因此在对我国的铁路进行改革的时候一定要考虑铁路的规模经济的特点。铁路企业规模的扩大有利于铁路更好地进行运营与管理，有利于提高客运量和货运量，为铁路公司带来更多的经济效益。美国在进行改革的时候就鼓励原来的 73 家 I 级铁路公司实施企业间的兼并，铁路公司的数量因此减少到了个位数。同时，在兼并的过程中，美国要求企业间的兼并要对满足公众利益、强化市场竞争有着一定的作用，在追求企业效率的同时兼顾社会利益。日本本州部分企业凭借着其强大的客流量形成了一定的规模经济。瑞典在对铁路进行改革之后，实现了规模经济，并且通过利用小企业租用大公司线路的方式，加强市场竞争，实现了规模经济与市场竞争的双赢。

（二）节约交易成本

由于铁路运输存在运输距离长、成本耗费大等特点，因此政府会对铁路运输提供一定的补贴来保证铁路公司的正常运营，保持铁路运输的稳定性。除了政府补贴，铁路运输还需要国家成立一些公共机构来保证运输的正常进行，包括基础设施的管理、运输能力的调配、公益性运输的提供。北美成立铁道协会，负责铁路的统一清算；日本成立铁路协会，负责协调列车的过轨运输。随着主要发达国家的铁路部门呈现铁路的运价、投资、人事等经营权下移与分散的趋势，有很多的铁路企业集中进行资金和成本的管理，如英国铁路系统的所有收支都通过一个银行账户进行，以此来降低运营成本。

通过对这些发达国家的铁路改革方法以及制度进行研究，我们发现，这些国家在对国铁进行分割的时候采用的一般是横向分割或者是纵向分割的方式。所谓的横向分割指的是将经营权下放到几个区域公司内；纵向分割指的是实现网运分离，即铁路基本设施与客运、货运的分离。横向分割与纵向分割是铁路运营主要的划分方式，每个国家根据自己的具体情况进行分割。采取横向分割的以日本最为典型，采用纵向分割的以欧洲国家最为典型。这两种方法各有利弊：横向分割的方法能够降低交易的复杂性，使这种关系内部化，同时有利于交易费用的下降，缺点是各个公司之间缺少交流、各自为政，容易出现区域间不平衡的现象；纵向分割的优点是能够增加市场竞争，缺点是增加了成本费用，同时很难实现分配线路的绝对公平性。

采取横向或者纵向分割方式要根据本国的实际情况，日本铁路采取横向分割是由于网运分离的方式会加大交易的成本，同时如果实行运价、工资、管理的一体化会对国铁的运营产生更加消极的影响。欧洲国家实行纵向分割主要是为了实现欧洲运输网络的一体化，以分的形式实现合的目标。

在世界主要发达国家铁路产业规制改革中，虽然采取的模式和具体步骤不同，但基本上都达到了预期的效果，即实现了节约交易成本的原则。节约交易成本在各国有不同的模式体现。日本的人口密度大，因此客运压力大，实行铁路客运和网络紧密联系能够很好地减少铁路交易所产生的较高成本。与之类似，美国的货运和网络相结合、英国的网络和运输分离的模式同样也是基于这个原则。

（三）立足国情实际

各个国家国情背景不一样，改革的硬件基础和社会体系不一样，所采用的具体规制手段也不同。在铁路产权的国有和民营、规制的放松与从严、模式的激进与渐进等方面，要对症下效，找到均衡点。

我们应该充分认识到，国家和企业其实应该各司其职。国家的责任包括对行业进行管制、对运输进行调度协调、对铁路进行投资建设等；企业的责任主要是进行市场开发、对铁路运输进行经营管理、实现保值增值等。企业化经营能够增加市场竞争，提高铁路运输效率。但是政府不能完全放任不管，要对其有一定的管制，如经济管制和安全管制。例如：美国为了防止垄断竞争，在企业实行兼并的时候一定要确保兼并的社会作用，此外还对那些没有替代方式的运输业实行限价保护。

由于铁路运输的特点，很多国家都实行过铁路国营的形式。但是随着运输方式的发展，政府直接经营的弊端逐渐暴露出来，包括政治目标先于经济目标的行政本位以及机构臃肿问题，从而造成铁路运输的市场竞争意识缺乏，服务质量不高、客户满意度低。在改革之后，许多国家的铁路运输实行民营，对人员实行精简，从而增强了市场竞争，提高了铁路的运输效率。但是这也有一定弊端，民营企业渴望最大化利润，可是由于铁路基础设施的投资回报时间比较长，这些民营企业对铁路的基础设施的维护并不积极。为了保证铁路运输的正常安全运营，保证运输的稳定性，国家又不得不对其进行不同程度的补贴，减轻企业的负担。

（四）法律制度先导

法律是社会安定的保障，在对铁路产业规制进行改革时，国家一定要制定相关的法律法规来保证改革的顺利进行，对违反规定的相关行为做出惩罚，做到铁路运输经营有法可依、有法必依。

在这方面我们可以吸取发达国家的经验，他们在改革的时候制定了很多的法律法规来保证改革的顺利实施。例如：美国为了放松政府的管制出台了多部法律；日本在进行改革的时候也颁布了《日本国有铁路改革法案》等法律；英国颁布了《铁路法》；德国出台了《铁路新秩序法》。这些法律法规的制定有效地保证了交易运输合同、产权合同的安全性，保证了铁路运输的稳定性和长期性，提高了员工的积极性，从而提高了铁路的整体运输效率。在法律的硬性规定之外，还要重视改革措施在基层的实践效果，广泛地征求群众的相关意见或者建议，推动改革的顺利进行。

第四章　中国铁路产业历次规制改革及存在的主要问题

第一节　中国历次铁路规制改革

铁路具有运量较大、耗能较低、污染较少以及全天候运营等特点，无论在社会稳定还是经济发展等方面，都发挥着非常重要的作用。铁路客运能带动周边产业快速升级，推动当地经济发展，增进城市间彼此的联系，加强文化交流与互动。我国地大物博，工业和资源分布呈现出不平衡的特征，在所有交通运输工具中，铁路运输优势依然非常显著。

一、中国铁路发展的基本概况

截至 2019 年底，我国铁路营业里程已达到 13.9 万公里，全球位居第二（仅次于美国）；中国高铁运营里程突破 3.5 万公里，稳居世界第一，约占全球高铁网的 70%。中国高铁技术全球领先，其安全可靠性和运输效率已得到世界认可，成为中国铁路旅客运输的主渠道。我国已成为全球高铁里程最长、运输密度最高、成网运营场景最复杂的国家。

2019 年，中国铁路总公司营业收入 11348.41 亿元，包括 3064.9 亿元的货运收入与 3918.34 亿元的客运收入，运营收入总数同期对比增加了 3.6%。

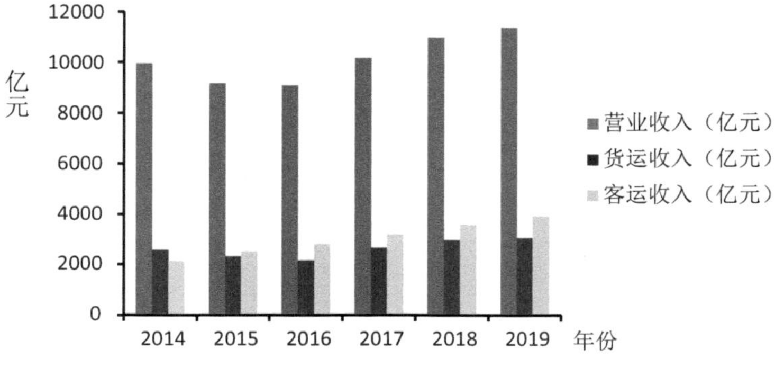

图 4-1　2014—2019 年中国铁路总公司营业收入

2019 年，我国铁路货运量是 43.18 亿吨，同期相比增长了 7.25%。我国铁路货运量在 2015 年的时候，达到了 33.58 亿吨，是我国铁路货运量最低的一年。根据铁路货运量变化情况来分析，2010—2015 年、2017—2019 年，铁路货运量的增速与中国 GDP 增速具有相似特点，增速整体呈下降趋势（如图 4-2）。2019 年全国 GDP 增速（6.11%）下降，受我国宏观经济下行的影响，铁路货运量也明显减少（如图 4-3）。

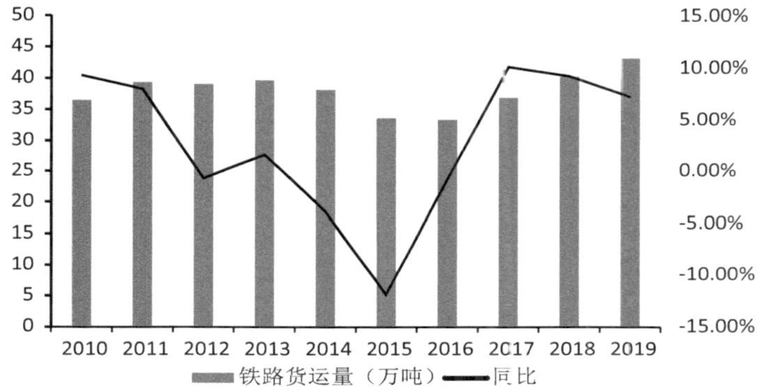

图 4-2　2010—2019 年全国铁路年货运量

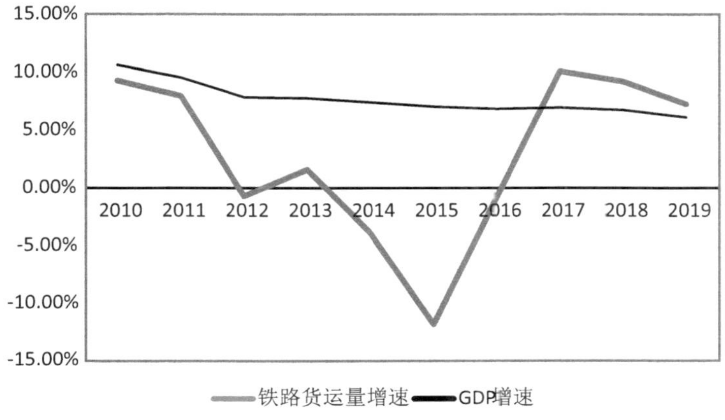

图 4-3　2010—2019 年铁路货运量增速及 GDP 增速

铁路货运量最多的是煤炭行业，占有率超 50%；另外是冶金行业，占有率超 20%。在铁路货运里，大宗产品的货运量的占有率很高。近年来，随着大宗产品的需求降低，对铁路货运产业带来巨大冲击（如图 4–4）。

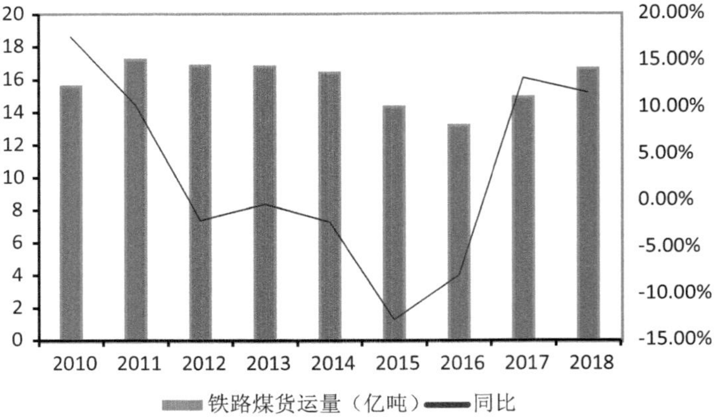

图 4–4　2010—2018 年铁路煤货运量

铁路客运方面，客运需求受到高铁项目的刺激，铁路运力不断拓增。十年时间里，我国铁路客运量的复合增幅基本上达到了 8%，2019 年超过 35 亿人次（见图 4–5）。

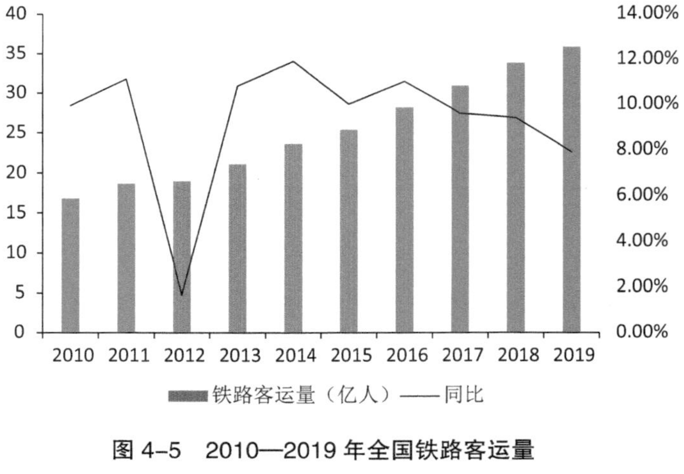

图 4–5　2010—2019 年全国铁路客运量

铁路业绩在 2016 年之后持续增加，债务也在不断增加。2020 年一季度，中国铁路总公司债务已经突破 5.5 万亿。2014—2016 年，高铁项目持续拓展加大了铁路基础项目投资规模，同时政府补贴建设基金在资金来源中的占比不断减少，由此造成中国铁路总公司不得不扩大融资渠道，甚至是高成本的融资（2010 年开始，每年需支付利息超 400 亿元），导致了负债规模的增加。2016 年之后，铁路项目投资规模逐渐下降，政府补贴建设基金在资金来源中的占比开始增加。

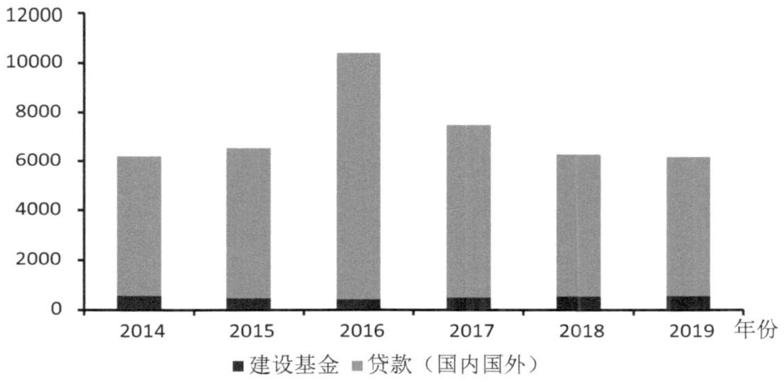

图 4–6　2014—2019 年中国铁路总公司建设基金及贷款金额走势

注：图 4–1 至图 4–6 数据来源于《中国统计年鉴》及中国国家铁路集团统计公报。

近些年，中国铁路总公司利润水平不断提升。2010 年到 2014 年，中国铁路总公司每年的平均税后利润不到 2.5 亿，而在 2019 年，中国铁路总公司税后利润已达到 25 亿元。

长时间以来，因铁路行业的自然垄断性，我国铁路系统都是采取政府垄断运营、半军事化以及垂直领导的管理制度，这种制度的建立有相应的客观基础。但随着我国市场经济的快速发展，这种制度的漏洞慢慢凸显出来。和其他运输部门，比如航空、公路以及水运相比，铁路的发展速度依然落后，不能充分满足我国快速提高的货运和客运需求。

二、中国铁路产业规制改革的演变历程

从新中国成立到改革开放，在计划经济制度的影响下，铁路产业在我国

宏观调控经济中具有重要地位。此间，铁路基本完全国有，国家计划部门负责安排日常生产任务，铁路获得的所有利润都要上交给国家，而国家也需要填补各种资金亏损。十一届三中全会明确了改革开放政策，自此，我国政府开始了铁路产业规制改革。但铁路改革的主基调基本是围绕激发铁路基层单位的主动性和自主权展开，政府一直没有放松对铁路产业的严格规制。整体来讲，我国铁路产业政府规制改革主要经历了六个阶段。

（一）放权让利阶段（1978 年—1985 年）

1979 年，上海铁路局车辆段率先实施扩大企业自主权的改革试验，由此拉开了铁路产业扩权让利的改革序幕。扩权方面：截至 1985 年，原铁道部下放了大量权限，涉及财务核算、机构设置等，共计 53 项权限。让利方面：1978 年出台了企业基金制，企业若可以实现 8 项经济技术指标（例如质量和品种等）即可按企业基金制提取 5% 的工资；1982 年出台全额利润提成制，在提取留成基金时，按照实际实现的利润与核定比例计提；1983 年出台了利润税后包干制，所得税征收之后，采用每年递增 20% 的办法向国家上缴余利，税后包干承包期限时长为 3 年。

（二）“大包干”阶段（1986—1992 年）

1986 年，原铁道部提出了以“投入产出、以路建路”为核心的全路经济承包责任制。此阶段，由于实施了“包投入、包产出、包以路建路”，因而也被叫作“大包干”，这也成为我国交通发展领域中的重大转折。

“大包干”的实施极大地改变了原有铁路与国家之间的经济关系，其中不仅改变了交通运输的承包主体，同时也使交通运输机制更加健全和完善。国家设置指令性指标，简化归纳为“五包一挂”：包客货运输任务、包铁路基建、包车辆生产、包投资和包缴税，同时针对运输企业具体资金量挂钩包干。国家针对铁路部门给予相应扶持，在政策方面提出优惠，其中具体涉及调低交通运输营业税、税种减免、地方定价、基建基金返还、亏损新线运价调整、“拨改贷”本息豁免、基本折旧率提升等。对于这一“大包干”而言，是国家针对铁路部门在制度上所展开的具有创新意义的改革举措，更好地实现了“权、责、利”的平衡。这种改革相较于“拨改贷”“利改税”等，并不具有非常强的强制性，而是在政策引导下形成的一种弹性调整，也是在政策环境下形成的可行选择。

1987年元旦，我国铁路内部收入分配机制进行了重新调整，推行“双挂钩”模式，要求铁路部门在对收入进行清算的过程中，不仅要实现与周转量的挂钩，鼓励铁路部门增产超产，同时还要与运输收入挂钩，提升铁路运营的整体增收。

1988年至1990年，我国步入经济转型期，物价飞涨，整体经济水平呈现出跨越式发展。由于物价过度上涨高于预期，低运价与高物价之间呈现出一种极不对称的市场状况，使“大包干”预期承包范围被打破，整体盈利水平下滑，导致铁路产业陷入泥淖，处境艰难。时值国家“七五”收官阶段，对铁路产业所给予的优惠政策不断被削弱，外部环境也对其产生了非常显著的影响，物价飞涨、宏观经济不稳定，这些都严重阻碍了“大包干”政策的推进，从而迫使其不得不停止实施。

（三）现代企业制度试点阶段（1993—1997年）

1993年7月1日，我国在全国范围内推行财税改革，形成了统一的财税制度。事实上，这时的“大包干”已有名无实，而是在国家统筹下实行了新型的利税分流制度。随后，我国私有经济发展迅速，铁路产业步入新的历史时期，开始引入现代企业制度进行试点，并已有大范围推广的端倪。

在铁路内部收入分配体制方面，1994年，现代企业制度已经在铁路行业中逐渐推行，政府职能也在不断转变，铁路产业在收入分配制度方面采用的是“管内归己、直通清算”，这种制度在当时是一种全新的收入分配机制，并且沿用至今。始发站和终点站为同一路局的情况下，“管内”收入涉及客货、邮政、行包、杂项和其他收入；对于始发站和终点站并不归属于同一路局时，其“直通”收入涉及货运、邮政收入和行包收入。

铁路产业引入现代企业制度，极大地推动了铁路企业改革的深化，在放权让利方面具有鲜明的创新意义，促使铁路产业在产权结构和治理机构方面的改革目的更为明确，实现了政企分开。在进行试点时，铁路产业中的规制问题逐渐显现，而其中最为显著的矛盾仍为政企不分[①]。导致这种情况产生的原因主要是经营者通常都是按照行政级别进行任命，与现代公司治理结构存在出入，没有形成更为有效的制衡关系。因此，股权代表在责任承担方面主要是行政责任，并不是财产责任，而行政干预手段也使得财产边界愈加模糊，过于注重经营结果，只对结果追责，没有对整个营运过程实施科学的约束和考评，从而衍生出更多的矛盾，而这些矛盾并不仅仅是依靠企业内部控制和管理就能够解决的。

（四）总投资建设飞速增长阶段（1997—2010年）

“九五”规划时期，铁路建设中央投资为2105亿元，地方投资为333亿元，总投资为2438亿元，中央投资和地方投资在其中分别占比86%和14%。1998年，全年建设总投资达到“七五”期间投资的1.7倍。截至1999年底，“九五”规划中的前四年，运营新线、复线、电气化铁路的里程分别为5455公里、4102公里和3743公里，相较于“八五”期间，分别上涨了3%、7%和46%，全国铁路运营总里程约为7万公里，在亚洲位居榜首。为了满足经济发展的需求和自身对市场的适应力，“九五”期间我国铁路先后实现三次大规模提速。

“十五”期间，铁路建设计划投资3500亿元，计划新建铁路7000公里，为了能够实现这一规划，我国在铁路路网建设方面投入2700亿元，这一投资额相较于“九五”规划的投资额多出240亿元。“八纵八横”主干线中的青藏铁路、秦沈客运专线成为这一时期规划的重点内容。此间，铁路运营的总里程相较于2000年增加7000公里，相较于“九五”规划中的6000公里也要高出1000公里。此外，我国还在铁路机车车辆采购与更新方面相继投入800亿元，力求加以改善车辆不足的情况。

2004年，国务院颁布了《中长期铁路网规划》，目标是在2020年前重点

---

① 铁路部门政企不分亟待破解 [N]. 人民日报 ,2013-02-25.

主干线完成客货分线，复现率、电化率均突破50%，运力能够适应我国社会和经济的发展，核心技术设备与国际接轨，达到国际先进水平。“十一五”规划期间，铁路基本建设投资1.98万亿元，这一投资额为“十五”期间在此方面投资的6.3倍。截至2010年底，我国铁路营业里程突破9万公里，在全球位居第二，里程数相较于2005年增加1.56万公里，上涨了20.7%。截至2010年底，我国电气化铁路总里程数为4.2万公里，电气化铁路的比重达到46.2%，而2005年这一比重则为31.2%，其上涨幅度达到15%，我国在电气化铁路运营里程方面跃居全球第二。2007年10月，国务院审议通过《综合交通网中长期发展规划》，这一规划中指出，截至2020年，我国铁路营业里程数将超过12万公里。

2010年，我国铁路建设在机遇和挑战并存的形势下发展，固定资产再创历史新高，总额达到8426.52亿元。随后的发展由于受到多种因素的制约，增速逐渐放缓。

（五）铁路体制递进式改革（2011—2012年）

第一阶段，铁路改革命题再次浮出水面，系统内部寻求发展方式转变。2011年6月原铁道部颁布《关于加快转变铁路发展方式确立国家铁路运输企业市场主体地位的改革推进方案》，这一方案明确指出要对货源服务链进行拓展和延伸，促进现代物流产业的快速发展，在全路实施多元化经营战略。铁道部的改革方案虽然是局部改善，仅仅针对市场化运营和产业链衍生等既有管理体系，但对铁道部主导的经营变革开始有了市场预期，产生了推进体制改革的前置效应。

第二阶段，铁路全力开展安全大检查，高层着手酝酿铁路大改革。2011年8月10日，在国务院常务会议上审议通过了高速铁路在建项目大检查的调研，降低新建高铁运营初期的速度，对拟建铁路实施重点考察，对其安全性进行严谨细致的评估。2012年，时任总理温家宝指出，要加强铁路、电力等行业的改革力度，合理引入非公有制经济，鼓励民间资本融入电力、能源、铁路、教育等领域，构建良好的社会竞争环境，形成多种所有制并举的良性发展局面。

我国四大传统垄断行业的改革，铁路往往被排在最后一位，这是高层首次将铁路行业放在待改革垄断行业排序的首位，铁路体制改革步伐加快。

第三阶段，高层明确改革总体方向，铁路体制改革加速推进。2012 年 3 月 18 日，国务院转批了发改委《关于 2012 年深化经济体制改革重点工作的意见》，提出我国经济改革必须要实现政企分开，并就铁路体制改革的相关问题展开深入的探讨。2012 年 5 月 16 日，国家发改委和铁道部联合发布《关于调整铁路货物运输价格的通知》，自 2012 年 5 月 20 日开始，我国铁路全路运价统一，平均运价吨 / 公里提高 1 分，京秦、京原、大秦、丰沙大这 4 条煤炭专用线不对运价进行调整。铁路市场发生深刻变革，高铁票价尝试根据线路、季节特征进行市场化分类浮动管理。

2012 年 5 月 18 日铁道部发布《关于鼓励和引导民间资本投资铁路的实施意见》出台，其中具体涉及 14 条实施意见，这些意见有针对性地指明了我国铁路投融资体制改革的方法和途径。其中，鼓励铁道部门更加广泛的从民间进行融资，具体涉及铁路线路建设、铁路运输设备、产品认证、质量检验等多项内容。经济下行压力下，铁路投资重启，再次成为拉动经济的火车头。

（六）大力改革促进融资投资阶段（2013—2015 年）

2013 年 3 月 10 日，国务院对原铁道部进行分拆，拉开了铁路政企分开的序幕。这次改革的力度之大，对我国铁路事业的发展具有重要的积极作用，对促进我国市场经济体制的不断健全和完善也有非常重要的意义。

2013 年，《国务院关于改革铁路投融资体制加快推进铁路建设的意见》出台，其目的是促进“十二五”规划期间的铁路建设发展，力求超额实现 2013 年的投资计划，并就随后两年的铁路建设进行总体部署和规划。意见提出要充分发挥铁路等交通运输的优势，重点加强我国中西部地区铁路设施的建设，带动贫困地区的经济发展，提高区域发展的协调性，不断推进城镇化进程，带动铁路沿线地区增产增收。同年发布了国务院办公厅《关于支持铁路建设实施土地综合开发的意见》，旨在贯彻落实《国务院关于改革铁路投融资体制加快推进铁路建设的意见》，增强铁路用地的综合开发，促进铁路及铁路沿线地区的经济发展。

2015年，国务院办公厅印发《关于创新投资管理方式建立协同监管机制的若干意见》，这项意见的出台标志着我国铁路行业向简政放权和创新投资管理方式进一步迈进，标志着国家铁路部门开始依托互联网和大数据技术搭建信息共享平台，充分实现信息的实时共享，同时建立规范、透明的投资监管机制，实现了技术和制度有机结合。做到了把权力下放又不放松监管，提高了服务质量，使市场更加有序规范、充满活力。这项管理有利于铁路投资市场的扩大，并向国家铁路管理创新迈出了关键性的一步。

随后，发改委出台《关于放开部分铁路运输产品价格的通知》。2015年2月15日，我国对铁路货运价格实施重新定价，由传统的政府定价逐渐转变成为政府指导价和上限管理。统一运价平均吨/公里提高1.5分，铁路运输企业保守估计能实现300亿/年的增收。国家发改委指出，这一举措能够在很大程度上缓解铁路建设资金紧张的问题，并且有利于推动运输方式的协调和统一。国家首次放开铁路运价标志着铁路正在市场化道路上积极前进。此次放开价格对于铁路建设系统的相关投资者来说是很大的获利机会，尤其在自主指定运价方面，很大程度上促进了铁路的投资和融资体制的改革，刺激了市场活力，可以让中国铁路在增强自身竞争力上更好地满足社会需求。

2015年7月30日，发改委、财政部、国土部、银保监会、国家铁路局联合出台实施《关于进一步鼓励和扩大社会资本投资建设铁路的实施意见》，这一意见重点旨在铁路建设中引入社会资本，促进社会资本投资的环境，并从政策上鼓励和支持民间资本的进入。此项意见揭示了我国铁路投融资多样化的决心，并在多方面逐渐放开政策，让铁路产业更加市场化。

（七）规制体制机制改革攻坚阶段（2015年—现在）

2015年国家铁路局的工作重点有“九大方面”，主要包括：保障高铁运行的安全性，在管理方面不断强化；提高重点工程质量，促进铁路建设的高效性；推进相关法律建设，强调监管的法制建设；简政放权，全面推进铁路融资机制；不断深入开展铁路发展规划研究；加强标准体系的构建，提高铁路建设的科技含量；推进“一带一路”倡议的实施，深化与国外的交流与合作；对自身建设不断完善，履行相应的责任和义务；不断强化党风廉政建设，提升政府公信力。2016年国家铁路局的工作重点有“六大方面”，主要包括：着力强化铁路安全质量监管，推进铁路规划建设优质高效发展，深化简政放权、放管结合、优化服务改革，健全完善铁路法规制度和标准体系，密切国际交流合作，加强履职监管能力建设。通过工作重点可以看出，我国铁路产业监管能力已由基础监管过渡到中级监管上来，这标志着我国铁路行业监管的进步。

第二节　中国铁路产业存在的主要问题

一、竞争小

铁路的自然垄断性较为显著，铁路总公司获得国家的授权，拥有对铁路的经营权，如果不考虑其他运输方式替代竞争的威胁，铁路系统内部之间并没有任何竞争可言。铁路受国家保护，形成一种行业垄断，外部没有任何压力，自然会导致内部缺乏动力，工作人员竞争意识不强，始终处于低效率的工作状态。铁路运输业被中国铁路总公司独家垄断运用，产权基本全部为国有，同时享受政府补贴，名为公司实际上没有任何同业市场竞争。

铁路建设需要庞大的资金注入，对铁路行业进行投资，其回报的时间非常长，从而导致一些本想投资的社会投资者对其望而却步，退出机制并不健全。正是由于在铁路市场中进行投资的投资者屈指可数，国家才必须要通过财政支出来对铁路产业进行支持，这也造成铁路行业的国有成分比例越来越大，无法通过导入有效竞争加速铁路行业的不断更新，进而形成竞争小、效率低的局面。

二、效率低

我国铁路产业发展中，政企合一的特点较为突出，由于存在高垄断，在规制方面也存在一些缺陷，从而造成总体运营的低效率，其中具体表现在生产和分配两个方面。一方面，由于存在垄断，企业生产中对成本最小化的重视程度相对薄弱。因为即便是在没有实现成本最小化的前提下，同样能够获得较高的利润，这也表明垄断企业在经营的过程中，如果高于理论成本曲线，那么现实成本和理论最小成本之间所存在的差距将会被进一步拉大，进而形成更低的生产效率。比如，铁路客运市场受供求关系影响显著，并且这种供求关系始终是动态变化的，当节假日来临时，客运市场表现出供不应求；而在淡季时，客运市场则表现出供大于求，充足的运力在一定程度上形成了资源浪费，资源配置并不合理，从而造成客运成本的上升。另一方面，由于铁路行业的高垄断，市场价格并不完全遵循市场规律，通常都是由制定者完成定价。如今，铁路运输价格基本无法将真实的运输成本显现出来，也无法通过运输价格对市场供求关系进行清晰的判断，这也导致铁路行业不具备通过价格杠杆来对资源进行配置的能力，进而造成铁路行业的分配始终处于低效率的水平①。

三、价格僵

目前铁路运输价格刚性报批形成机制明显不能顺应市场经济的快速变化趋势，过于僵化且实际效果较差。虽然 2016 年当时的中国铁路总公司获得一定程度的高铁定价权，但整体价格基本依然由国家规制部门主导，价格不能根据运营成本和市场供需进行动态调整。目前的价格听证制度也不完善，流于形式，无法反映市场意愿。呆板且不符合现状的价格机制已经严重阻碍了铁路产业的良性运营，是铁路规制的重要侧重点。

四、债务高

2020 年 4 月份发布的《中国国家铁路集团有限公司 2019 年审计报告》表明：截至 2019 年，中国铁路总公司负债 5.49 万亿元，较去年同期增加 0.27 万亿元，同比增加 5.2%。2019 年中国铁路总公司净盈利 25.24 亿元，较去年同期

① 舒英杰 . 关于我国铁路规制改革问题的研究 [D]. 西南财经大学，2007.

的 20.45 亿元同比增加 4.79 亿元，增幅 23.42%。

此外根据现有的工程建设项目来看，从建设到完成至少还需要几万亿人民币，高额的负债率及较差的经济效率，使得中国铁路在市场融资中面临诸多困难。2016 年，中国铁路总公司目前已经开始出现偿债违约，自身经营的现金流无法与债务相匹配，因此一直采用借新债还旧债的举债付息模式。

对于铁路运输业来说，其最大问题并非巨额债务所导致的还本付息的压力，而是目前体制下中国铁路处在长期经济效率低下的不乐观情况之中。这种状态如果长期得不到外界援助与支持，根本无法正常运转。虽然铁路部门的债务一直在增加，但其负债率一直维持在 65% 左右，因此很多人据此得出铁路部门的财务经营情况依然良好并不太差的结论。事实上，中国铁路之所以能够在债务不断上升情况下还能维持负债率不变，主要原因在于铁路部门的在建工程资产快速增加，所以一旦铁路部门在建项目停止，铁路部门的负债率就会大幅增加，再加上铁路部门长期以来总资产收益率不足 0.1%（一般企业良性运转正常指标最低在 10% 以上），很可能导致铁路行业出现资不抵债的情况。目前，由于国家进行宏观调控，采取货币宽松政策使得债务风险性被掩盖，但是国家货币政策一旦收紧，必将使得中国铁路无法再继续举债，存在的各种问题瞬间暴露出来时，会面临严重的债务危机，如果无法获得新的资金注入，中国铁路的投资建设也将无法继续跟进。

在此背景下，铁路融资难的问题也被放大化。目前因为铁路产业盈利水平差、进入门槛高、政企不分等原因，外部资本进入缺乏激励，融资问题愈显突出。可以说，我国铁路行业已经面临债务危机。就铁路行业目前状况而言，其不但正在缺失建设工程项目的再融资能力，而且很可能在未来出现财务金融危机。因此必须找到行之有效的解决办法，否则很可能导致铁路行业陷入更加严重的债务危机，并且债务越滚越大，严重时甚至将会波及整个金融行业，影响国家财政安全。

五、立法滞

我国铁路相关法律法规仍然属于行政方面的法规，铁路法规的改革较为落后。《铁路法》制定于计划经济时代，自 1991 年出台后，2009 年和 2015 年经过两次修正，但条款变动不大。我国正在加快建立现代经济体系，电力、电信、民航的改革速度明显加快，但铁路方面的市场化改革却一直较慢。进入 WTO 以后，我国对铁路产权进行了改革，允许多种资金进入铁路系统，推进铁路投资走向多元化。2013 年，对铁路系统又进行了大跨步改革，初步实现了铁路系统政企分开，当前，需要对铁路的市场化发展作出规范化与法制化的制约与指引。

尤其应该引起我们注意的是，立法工作应赶在行动之前，为铁路规制保驾护航并起到提纲挈领的作用。打造铁路现代高端运输产业已经势在必行，应该通过立法形式进一步推动铁路规制的改革，建立现代化的铁路运营机制，保证铁路产业的健康持续发展。

第五章　中国铁路产业规制的成本收益及绩效分析

第一节　中国铁路产业规制的成本收益分析

针对中国铁路产业出现的市场失灵和政府失灵情况，从政府规制消耗的成本及所获效益入手，判别目前实行的政府规制的合理性和效率性，是一种行之有效的经济学方法。如果政府规制处于盈收状态，就表明政府规制有效，对资源配置起到了优化的作用；如果政府规制处于盈亏状态，表明政府规制的作用效果未达到预想状态。本章根据中国铁路产业的现状，在相关理论的基础上，分析中国铁路政府规制的潜在成本收益，并对规制行业的绩效进行探讨。

一、中国铁路产业政府规制成本收益的理论分析

垄断造成的经济负面效应主要包含以下三点：（1）资源配置的不合理效应；（2）社会经济福利净损失效应；（3）消费者向生产者的收入转移效应[①]。政府规制的潜在成本由以上三方面构成。

（一）资源配置失当效应

因为独家垄断，垄断厂商在市场上为了最大限度地盈利会压产提价，而因产量的降低，消费者在该种产品上的消费额就会减少，转而去寻求它的替代品，这就造成该产品的销量减少，资源禀赋也将从本行业转向其他行业。我国交通运输市场上，铁路相比于公路，在客运市场所占份额日益上涨。近年来，随着高铁在客运市场上的地位日益重要，发展势头迅猛，客运市场份额上涨趋势更加显现，而货运份额没有多大改变，因我国独特的能源结构及

① 姜琪．我国铁路运输业政府管制效率初探 [J]. 东岳论丛，2009-12-25.

铁路在长途货运中的优点，铁路在货运市场上的地位变化不大，但如果考虑到新经济时代运输市场极速的发展，铁路的相对优势并没有得到有效发挥，在货运市场的影响力实际在下滑。

铁路运输资源配置失当，在替代竞争下，会产生挤出效应，资源从铁路向公路、航空等领域转移，从而进一步造成铁路运输资源短缺，这会不利于国民经济的结构调整和协调发展。因短缺产生的损失以及因替代竞争被别的行业抢去份额，被视为铁路运输业的潜在成本。

（二）社会福利净损失

在充分竞争市场上，为了保证盈利最大化，垄断生产商凭其地位一方面以平均成本为参考定价，另一方面尽量保证边际成本与边际收益相等，这样就会造成两个效应：收入转移及社会福利净损失效应。

垄断厂商的垄断经营往往会造成整体社会福利水平的不断降低，并由此带来社会福利净损失也会逐步增加。具体示意图如图 5-1，图中三角形 ABC 所表示的就是社会福利净损失。该图示所表达的含义就是：因企业的垄断地位，会使消费者的意愿价格被迫从 Pc 升到 Pm，这就会造成直角三角形 ABC 部分的消费者剩余损失，这是因市场的不充分竞争而导致的福利净损失，也被视为铁路运输业潜在成本。

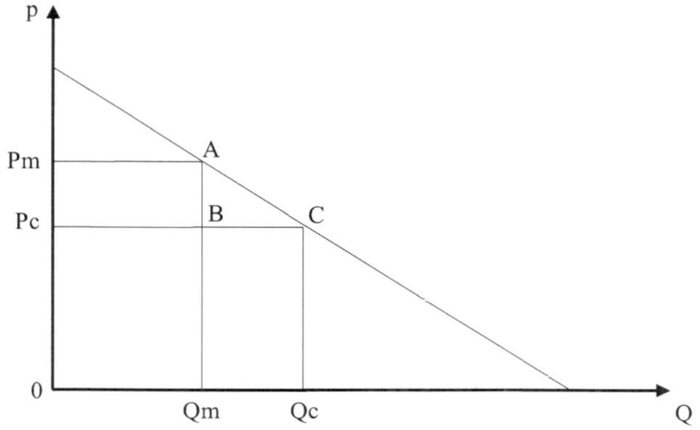

图 5-1　收入转移和社会福利净损失

从上述的社会福利净损失示意图中可以发现，利用该图可以预测社会福利净损失，该图也被称为哈伯格三角形[①]。针对垄断市场势力引起的净损失，哈伯格（1954）推出了它的计算公式：

由△ P=Pm−PC= Pm−c 得

$$DWL=\frac{1}{2}\Delta P\Delta Q=\frac{1}{2}(\Delta P)^2\left(\frac{\Delta Q}{\Delta P}\right)=\frac{1}{2}\left[\frac{P_m-c}{P_mQ_m}\right]^2\left(\frac{P_m}{Q_m}\right)\left(\frac{\Delta Q}{\Delta P}\right)P_mQ_m\left(Q_m\right)^2$$

$$=\frac{1}{2}\left[\frac{P_m-CQ_m}{P_mQ_m}\right]^2\varepsilon P_mQ_m=\frac{1}{2}r^2\varepsilon P_mQ_m$$

产品的边际成本是 C；销售利润率是 $r=\frac{P_m-c}{P_m}=\frac{P_m-CQ_m}{P_mQ_m}$，产品的需求价格弹性为 ε。

（三）收入转移效应

当产品市场被垄断时，厂家就可以随意制定商品的价格，收入将不断流入厂家口袋，这就是收入转移。通过图 5–1 的四边形 PcCAPm 能够直观的显示出收入转移的整个过程和原因。从社会立场考虑，社会福利损失不可将该部分计入在内，该部分被计入垄断的社会成本中，是由于收入转移导致垄断利润的出现，若获得垄断地位的花费比垄断利润小，厂商很可能会不择手段达到垄断，企业为获得垄断地位的支出就是寻租成本。垄断利润会有一部分支付给业内员工，所以垄断行业的工资要比非垄断行业多得多。此外，因垄断行业对技术未及时更新及缺乏降低成本的动力所引起的效率低下的高额成本，也是由该部分垄断利润来填补。而且，垄断企业还要承担政府主管部门非正式支出，这也要从垄断利润中产生。

① 哈伯格三角形（Harberger Triangle）是运用补偿需求曲线说明税收超额负担依据的是消费者剩余理论。所谓消费者剩余，就是指人们愿意为某一种商品支付的金额和实际支付金额之差，它表示消费者从这一商品消费中获得的净收益。哈伯格在《公司所得税的归宿》（1962 年）中提出了“三角形”超额负担理论，并进行数理推导，得出了在线性需求曲线条件下测定超额负担的计算公式。

二、中国铁路产业政府规制的成本和收益

（一）资源配置失当的成本

政府进行资源配置失当造成的成本由客运和货运两方面因规制不当而产生的巨大运输缺口来体现。以下成本以国务院颁布《中长期铁路网规划》（2016年版）前后铁路增长速度较快的2015—2019年间数据进行测算：

1. 客运缺口率及其造成的规制成本

国内学者于良春、彭恒文（2003）根据日本学者大田正福（1988）供需缺口的估计模型进行修正后提出了新模型，对于客运缺口的估算，本书借鉴他们的模型。

S表示旅客的需求函数，变动区间假定为（－∞，＋∞＋），p表示铁路旅客的需求，满足正态分布，在计算的过程中取值范围[0，＋∞]，铁路实际的客运量大致是P′，则0<P≤S时，P′=P；当P>S时，P′=S。

P’以及P在进行具体取值的过程中分别令其为p和p’，则：

$$P' = \frac{1}{\sqrt{2\pi\sigma}}\int_0^S Pe^{-\frac{1}{2}\left(\frac{P-p}{\sigma}\right)^2 dP} + S\cdot\frac{1}{\sqrt{2\pi\sigma}}\int_S^{+\infty} e^{-\frac{1}{2}\left(\frac{P-p}{\sigma}\right)^2 dP}$$

两边同时除以S得：

$$\frac{P'}{S} = \frac{1}{S}\cdot\frac{1}{\sqrt{2\pi\sigma}}\int_0^S Pe^{-\frac{1}{2}\left(\frac{P-p}{\sigma}\right)^2} dP + \frac{1}{\sqrt{2\pi\sigma}}\int_S^{+\infty} e^{-\frac{1}{2}\left(\frac{P-p}{\sigma}\right)^2} dP$$

令 $\frac{P-p}{\sigma} = t$，则 $P = t\cdot\sigma + p$，化简可得：

$$\frac{P'}{S} = \frac{1}{S}\cdot\frac{1}{\sqrt{2\pi\sigma}}\int_{-\frac{p}{\sigma}}^{\frac{S-p}{\sigma}} \sigma(t\sigma+p)e^{-\frac{t^2}{2}}dt + \frac{1}{\sqrt{2\pi\sigma}}\int_{\frac{S-p}{\sigma}}^{+\infty}\sigma e^{-\frac{t^2}{2}}dt$$

积分得：

$$\frac{P'}{S} = \frac{\sigma}{S\sqrt{2\pi}}\cdot\left[e^{-\frac{1}{2}\left(\frac{p}{\sigma}\right)} - e^{-\frac{1}{2}\left(\frac{S-p}{\sigma}\right)}\right] + \Phi\left(\frac{p}{\sigma}\right) + \left(\frac{p}{s}-1\right)\left[\Phi\left(\frac{S-p}{\sigma}\right) - \Phi\left(-\frac{p}{\sigma}\right)\right] \tag{6.1}$$

由 $\frac{S-p}{\sigma} = \frac{S/p-1}{\sigma/p}$，缺口率为 $\frac{p-S}{p} = \mu$，同时变动系数假定为 $\frac{\sigma}{p} = 0.5$，

在对2015—2019年铁路行业运输能力的数据进行统计之后，得出数据代入式（6.1），之后对数据进行分析，计算每年的缺口率进行，并结合每年的营运利润、营运的成本以及每年营运量存在的缺口统计规制成本，得出结果见表5–1。

表5–1　客运缺口率及其造成的规制成本达

	2015年	2016年	2017年	2018年	2019年
能力利用率	95.5%	96%	98%	98.5%	99.6%
客运缺口率	47.44%	47.85%	48.05%	46.36%	45.17%
客运量	9.7	11.2	11.6	12.6	13.6
客运成本（亿元）	432.02	522.52	564.6	646.6	733.64
客运利润（亿元）	95.4	100.5	118.78	123.47	184.23
缺口成本（亿元）	27.4	30.4	37.4	40.4	43.67

数据来源：《中国统计年鉴》

2. 货运缺口率及其造成的规制成本

目前普遍认为货运量增长率与工业产值增长率两者之间的系数为2，即铁路运营在不断的发展过程中其运营的数量每增大0.5%，则相对应的工业产值的数值就增加1%，此时，铁路产业供需平衡。计算结果如表5–2。

表5–2　货运缺口率及其造成的规制成本

	2015年	2016年	2017年	2018年	2019年
工业产值增长率	18.3%	21.3%	22.3%	24.7%	28.4%
货运实际增长率	9.5%	10.34%	12%	13.4%	15.4%
货运缺口率	8.9%	9.3%	8.4%	7.4%	8.7%
货运成本（亿元）	1723.3	1844.5	1985.4	2018.5	2193.4
缺口成本（亿元）	1.22*	1.68*	1.33	2.34	1.3
工业产值减少量	986.8*	1165.5*	1223.4	2639.4	2830.3

标*为缺失数据，利用插值法估算。

上述分析的主要是铁路运输过程中由于缺口的存在而造成的损失，但是从整个社会层面考虑，潜在成本将是非常大的。矿石、钢铁、石油以及煤炭等一些资源在进行运输的过程中主要通过铁路运输，并且一般都是长距离的运输，无法用公路替代，从这点来讲，铁路货运发展的不足对社会工业的发展有较大的影响，由此而产生的工业产值的减少就成了规制成本的一个重要组成部分。

（二）社会福利净损失和收入转移效应

1. 社会福利的净损失

计算铁路运输业的福利净损失，我们采用哈伯格推算公式：

$$DWL = \frac{1}{2} r^2 \varepsilon P_m Q_m$$

攫取 2015—2019 年铁路运输业成本利润数据进行计算，得出潜在的销售利润率 r 为 0.2[8]；ε 表示的具体的意义是价格的需求弹性；每年运输的总量为 $P_m Q_m$ 。再结合丁启军、于良春 (2007) 计算需求弹性的方法，得出 ε 为 0.699。由分析可以看出，在实际情况中，价格的变化情况受运输业需求变化的影响不是太明显，铁路运输行业的发展过程中需求缺乏弹性，这与我国现在实际的发展情况是相符的，利用公式对上述数据进行计算的结果见表 5–3。

2. 收入转移效应

由行业的垄断引起的收入变化用图中的四边形 P_cCAP_m 表示，具体计算的公式为：

$$S_{P_m ACP_c} = Q_m (P_m - P_c)$$

可以看出铁路在输实际盈利即为收入转移效应，2015—2019 年的计算结果如表 5–3。

表 5–3　铁路运输业福利净损失

	2015 年	2016 年	2017 年	2018 年	2019 年
运输收入（亿元）	2839.4	2937.4	3082.3	3174.5	3302.6
运输成本（亿元）	2183.4	2273.5	2394.7	2596.5	2749.9
福利净损失（亿元）	39.5	41.4	43.7	45.8	49.5
收入转移效应（亿元）	257.5	274.9	294.6	299.8	317.4

（三）政府规制的潜在收益

根据铁路行业的成本劣加性，我国铁路产业政府潜在收益主要是指避免重复建设带来的资源浪费，以及避免潜在进入者进入而节约的管理成本。潜在进入者管理成本的计算法方为：

当年铁路运输收入 × 当年政府铁路规制行政管理费用 /GDP

铁路的公益性运输也是政府规制收益的一部分，具体包含三个方面的内容：军队、支农、救灾、抢险物资的特价、低价或无偿运输，对学生以及军人提供的优惠政策，对铁路亏损的补贴（见表 5–4）。

表 5–4 管理费用的节约

	2015 年	2016 年	2017 年	2018 年	2019 年
行政管理费（亿元）	283647	290346	304675	318475	338475
运输收入（亿元）	7385.5	7554.5	7739.5	7957.6	8194.5
管理费用（亿元）	72.4	74.5	77.8	81.8	85.7

将上述计算结果进行汇总，得到 2015—2019 年规制本身的成本收益运营情况汇总（见表 5–5）。

表 5–5 成本收益汇总

	规制成本		规制效益
缺口成本（亿元）	89.26	管理费用节约	259.6
工业产值潜在减少量（亿元）	8562.5	公益性收益	1860
福利损失和收入转移（亿元）	1239.32		
总计（亿元）	9891.08	总计	2119.6

从上述结果中可以看出，铁路行业规制收益为 2119.6 亿元，投入成本高达 9891.08 亿元，具体发展过程中不合理的规制政策造成了极大的潜在成本。这表明我国铁路产业整体规制效率并不高，放松规制、导入有效竞争是我国铁路产业规制的必然选择。

第二节　中国铁路产业的绩效分析

铁路产业绩效是涉及很多影响因素的集合概念，主要可以从生产效率、资源配置效率及分配效率进行分析[①]。一般情况下，绩效的优良取决于资源的高效配置情况，即资源在企业内部与企业之间的分配情况；绩效的优良也取决于企业在技术上的创新与发展，生产效率的决定因素中就包括了技术水平，只有不断提升技术水平，才能逐步提升生产效率，并让现有资源更为合理化的应用；绩效的优良还取决于收入资源的合理公平分配。

一、资源配置效率

铁路产业资源配置效率主要与进入规制有关。我国铁路处于绝对垄断，其生产能力严重影响了绩效。在改革开放以前，我国的铁路行业一直是由国家主导，国家的资本投入是铁路发展的主要动力。从建国伊始到 20 世纪 80 年代中期，国家预算投资占总额的 90% 左右，国家投资对铁路有决定性影响。从 20 世纪 80 年代中期以后，我国的铁路行业运营实施利润递增承包制，铁路建设的发展从单一渠道向多渠道转变，但不论怎样，国家的主导地位仍保持不变。20 世纪 80 年代中期，我国采取了铁路承包制度，并且还让局部地区对地方性铁路建设收取一定的附加费用。从 20 世纪 90 年代开始，改革开放的思潮席卷全国，国家和地方政府都积极引入外资，发展本地经济。与西方主要发达国家有所不同，我国铁路整体发展还远未到成熟期，目前的铁路规制导致资源配置出现问题，具体体现在铁路基础设施与运输供给短缺：

（一）铁路运输产能不足

目前我国铁路行业产能不足，在供给侧没有实现最优，尤其体现在客货运输的供给方面。结合实际调研，铁路客运输缺口率目前在 40% 以上，铁路货运缺口率在 35% 以上。

---

① 著名经济学者 James R. McGuigan 对绩效定义。

对客运缺口进行分析。基于我国铁路客运实际情况，其需求量的变化与人口量、人均收入、票价相关。毋庸置疑，需求量与人口量一定呈现正相关，但并不一定以某一具体比例进行增加。美国在最近五十年的发展历程中，人口增加了75%，但客运量提高了四倍。不仅如此，通过对英国在内的很多西方发达国家的铁路运营状况进行深入研究后发现，客运量与收入也存在正相关。我国人口持续增长，人均收入也出现上涨趋势，但票价基本没有多少变化。国内有四条铁路干线运输利用率高达90%，远超过国际通用的75%标准利用率。总体分析可见，我国铁路客运缺口量仍然较高。

对货运缺口进行分析。从运输量的需求来看，货运年均环比增长率一直低于国内GDP环比增长率一个百分点以上。结合国际铁路货运情况分析，货运增长情况与该国的经济结构有着紧密联系。在工业化发展的初级阶段，重工业所占比重偏大，它的发展无疑需要更多的资源，在此阶段货运需求会增多，通常会高于经济增长情况。然而在工业化发展的尾期，技术及服务行业得到了大力发展，所需的资源运输就会减少，在此阶段货运需求会降低，通常会低于经济增长情况。我国目前正处在工业化和城镇化加速发展的时代，此阶段内货运增长速度应高于经济增长速度，但现实情况却相反。运输增长情况与该国的工业增长值也有着紧密联系，前者增加0.5%时，后者增加1%，两者之间呈现1∶2的比例关系。

（二）基础设施有效供给不足

路网构建总体数量状况。截至2015年末，中国的铁路营业里程就已经超过12万公里，在世界排名第二，高铁营业里程1.9万公里，位居世界第一。但是，我国幅员辽阔，以国土面积衡量平均路网密度仅达到126公里/万平方公里，不及美国一半，不及英国1/5，世界排名60名以后；我国人口基数大，以人口数量衡量，每万人不到1公里，不及美国1/10，不及英国1/4，全球范围内排在100名之后。

路网建设水平。评估铁路路网建设水平的基础标准指标为复线率，到2015年，我国的铁路线路里程达到了12.1万公里，复线里程达到6.4万公里，复线里程只占到了总里程的52.9%。从我国现有的120多条铁路主干线的运营现状来看，现在只有20多条双线，一条三线，其余都是单线，尤其是处于我国社会经济条件最发达的珠江三角洲、长江三角洲以及环渤海地区的铁路均仅仅属于双线，这些双线所承载的交通运输压力已经濒临超载幅度。纵观当前全球范围内发达国家的状况，主要城市或区域核心经济圈内部的干线铁路几乎都属于三线至六线，部分甚至达到八线、十线，这些线路的交通承载能力非常强。

路网核心设备。当前，虽然中国的铁路运输技术日渐增强，但仍然与发达国家之间存在差距，尤其是因资金不足导致我国的铁路技术整体现代化进程较为缓慢。2015年底，我国铁路电气化里程达到7.4万公里，占到了总里程61.2%。而日本在20世纪80年代就已经超越了这个标准指标。①

综上所述，我国铁路无论是路网基础还是设备更新仍存在较大的供给不足。

二、生产效率

铁路产业生产效率主要与规制体制有关，价格规制、进入规制、产权结构也对其有一定影响。几十年来，我国铁路产业规制体制仅在传统的运行框架内作出部分改革，并没有针对价格规制和市场结构规制等方面作出深入的革新，铁路产业的生产效率也没有根本进步。

（一）方法选择

A.Charnes等美国学者，创建了数据包络分析②（Data Envelopment Analysis简称DEA），这一方法是立足“相对效率评价”的核心思想而形成的。数据包络分析是通过利用数学专业规划方法，结合实验调研中获得的样本数据，针对决策单元（DMU）作出科学系统的有效评价。DEA方法在多输出层面上

① 《中国铁道年鉴2015》。

② 数据包络分析（data envelopment analysis，DEA）是一个对多投入\多产出的多个决策单元的效率评价方法，它是1986年由CHARNES和COOPER创建的，可广泛使用于业绩评价。

拥有显著的优点，特别是对于评估权重难以被明确的社会机构绩效时，DEA的特点和优势会充分展现。

决策单元是指投入产出的过程，是特定条件范围投入一定的生产要素从而实现一定的产出量的过程[①]。为了可以推动此类活动或动态系统获取最高的“效益”，必须要立足于一系列的决策。从决策单元的原理和实现过程来看，其符合100%效率的条件为：立足当前的输入，所有的输出都不能增加，除非在这一过程中减少其他类型的输出。立足当前的输出，所有的输入都不能减少，除非在这一过程中增加其他类型的输入。

通常而言，C^2R 模型是数据包络分析里最为常用的模型。立足于生产函数层面而言，C^2R 模型用作分析拥有多元化输入、输出的“生产部门”且还属于“规模有效”和“技术有效”的情况。在整个过程中，如果效率为100%，那么判定该单位为相对有效率单位；达不到100%，则判定为无效率单位。

（二）模型设定

从已知定理得知：以DEA来衡量，输入值越小则效果越好，输出值越大效果越好。因此，用DEA评估时，输入指标应该是越小越好的指标，输出指标应该是越大越好的指标。根据上述理论，我们对铁路绩效评定进行详细规划，制定输入输出指标，并且指标数据能够依靠定量测量模式来获得。预设：$H=\{h_{k,}, \ldots, h_1, h_2,\}$ 属于评价指标，共有 k 个评价指数，这里的 K=36；相应的评价目标都符合模糊关系矩阵 R：

$$R=\begin{pmatrix} R_1 \\ R_2 \\ \cdots \\ R_m \end{pmatrix}=\begin{pmatrix} r_{11} & r_{12} & \cdots & r_{1n} \\ r_{21} & r_{22} & \cdots & r_{2n} \\ \cdots & \cdots & \cdots & \cdots \\ r_{m1} & r_{m2} & \cdots & r_{mn} \end{pmatrix}$$

铁路绩效也被称为决策单元，每个绩效中包括了五个投入以及两个输出（如图5-2）。投入和输出要求 X_{ij} 代表着 j 个 DMU 要求的第 i 种投入总数，X_{ij} 大于0，i 在1至5的范畴中，j 在1至36之间，Y_{rj} 象征第 j 年 DMU 的第 r

① 魏权龄.数据包络分析（DEA）[J].科学通报，2000（9）.

种所制造的总数，若 Y_{rj} 小于 0，若 r 在 1 至 2 范畴中，j 在 1 至 36 范畴当中。

应用 DEA 方法的衡量思维来构建 C^2R 模型，评价目标则是第 J_0 个 DMU，变量则是 G 与 H，对象为 E_{j0}，一切的 DMU 的 E_j 都是小于或者等于 1，其约束条件是 n 大于或者等于 j，j 要大于或者等于 1，具体要求：$\max E_{jo}=H^TY_{jo}/(G^Tx_{jo})$ $1 \leqslant j \leqslant n$，$H \geqslant 0$，$G \geqslant 0$。

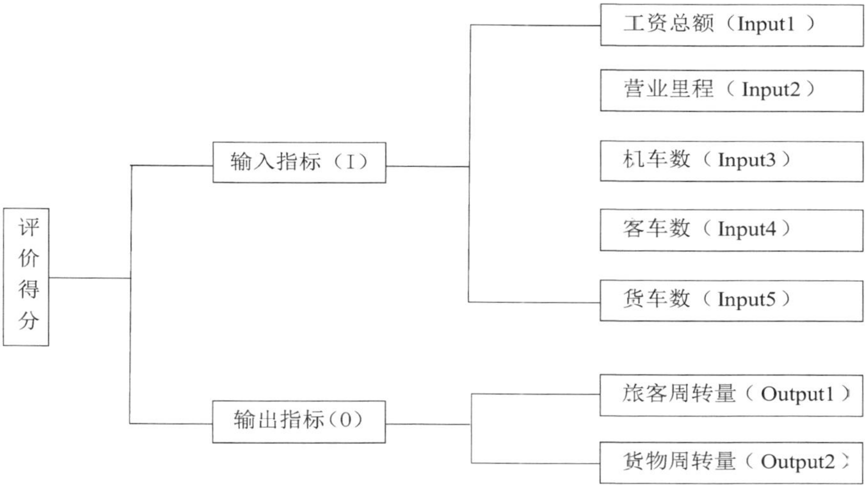

图 5-2　模型输入输出指标体系

并且 $H^TY_j/(G^Tx_j)$ 属于效益评价指标，$H^TY_j=\sum_{r=1}^{r}h_ry_{rj}$ 相当于总产出，$G^Tx_i=\sum_{i=1}^{m}g_iy_{ij}$ 是总投入。

表 5-6　规模分析表

年份	工资总额	铁路营业里程	机车数	客车数	货车数	客运周转量	货运周转量
1984	7.43	5.45	1.11	1.97	29.13	2046	7235
1985	8.27	5.50	1.18	2.09	30.09	2416	8112
1986	12.6	5.57	1.23	2.21	31.45	2586	8750
1987	13.34	5.58	1.27	2.35	32.81	2843	9456
1988	13.35	5.61	1.32	2.49	34.03	3260	9360

续表

年份	工资总额	铁路营业里程	机车数	客车数	货车数	客运周转量	货运周转量
1989	12.83	5.69	1.34	2.63	35.3	3037	10373
1990	13.63	5.78	1.36	2.73	36.5	2613	10601
1991	17.15	5.78	1.39	2.76	37.01	2828	10948
1992	21.43	5.81	1.41	2.85	37.32	3152	11549
1993	23.32	5.86	1.44	2.94	39.01	3483	11923
1994	23.57	5.90	1.47	3.10	41.59	3636	12426
1995	24.26	5.97	1.51	3.24	43.27	3546	12836
1996	25.90	6.49	1.54	3.38	44.39	3348	12922
1997	28.85	6.60	1.53	3.43	43.77	3585	13046
1998	29.27	6.64	1.52	3.42	43.93	3773	12262
1999	32.09	6.74	1.45	3.45	43.62	4136	12578
2000	31.38	6.87	1.45	3.60	43.99	4533	13336
2001	34.74	7.01	1.50	3.72	44.99	4767	14250
2002	43.28	7.19	1.52	3.79	44.67	4969	15078
2003	43.97	7.30	1.55	3.90	50.39	4789	17247
2004	46.87	7.44	1.60	3.98	52.01	5721	19289
2005	51.36	7.54	1.65	4.03	54.18	6062	20726
2006	54.65	7.70	1.70	4.14	56.33	6622	21954
2007	57.32	7.80	1.73	4.25	57.11	7216	23797
2008	60.56	7.97	1.73	4.32	58.50	7779	25106
2009	62.38	8.55	1.78	4.74	59.44	7879	25239
2010	66.18	9.12	1.83	5.04	62.23	8762	27644
2011	69.21	9.32	2.07	5.47	65.12	9612	29466
2012	70.89	9.80	2.08	5.77	67.08	9812	29187
2013	72.63	10.3	2.08	5.90	72.19	10596	29174
2014	74.43	11.2	2.11	6.06	71.66	11242	27530
2015	75.32	12.1	2.14	6.77	76.85	11961	23754
2016	77.86	12.4	2.15	7.09	76.48	12579	23792
2017	80.51	12.7	2.14	7.23	80.87	13457	26962
2018	83.72	13.17	2.15	7.32	83.92	14147	28821
2019	86.97	13.90	2.20	7.60	87.8	14707	30182

资料引于《中国交通年鉴》以及《中国统计年鉴》。

（三）结果分析

把以上数据录入至计算机，应用 DEA 分析软件审核结果如下表 5–7。

表 5-7　规模分析表

年份	综合效率	技术效率	规模效率	规模收益
1984	0.993	1	0.993	irs
1985	1	1	1	–
1986	0.939	0.997	0.942	irs
1987	0.965	1	0.965	irs
1988	1	1	1	–
1989	1	1	1	–
1990	0.992	0.992	1	–
1991	0.945	0.994	0.951	irs
1992	0.91	1	0.91	irs
1993	0.897	1	0.897	irs
1994	0.926	1	0.926	irs
1995	0.938	1	0.938	irs
1996	0.876	0.931	0.942	irs
1997	0.834	0.922	0.904	irs
1998	0.777	0.902	0.862	irs
1999	0.788	0.933	0.845	irs
2000	0.856	0.952	0.899	irs
2001	0.846	0.944	0.896	irs
2002	0.789	0.955	0.826	irs
2003	0.861	0.94	0.915	irs
2004	0.919	0.959	0.958	irs
2005	0.93	0.969	0.96	irs
2006	0.941	0.971	0.97	irs
2007	0.986	0.994	0.991	irs
2008	1	1	1	–
2009	0.964	0.983	0.98	irs
2010	1	1	1	–
2011	1	1	1	–
2012	0.983	0.984	0.999	irs
2013	0.993	0.994	0.999	irs
2014	0.993	1	0.993	irs
2015	0.935	0.962	0.972	irs

续表

年份	综合效率	技术效率	规模效率	规模收益
2016	0.976	1	0.976	irs
2017	0.989	0.999	0.99	irs
2018	1	1	1	–
2019	1	1	1	–

从运算结果能够得知，铁路规制改革已经有 30 多年历史，大多数年份都是规模收益递增的。分析可见，我国推进铁路产业规制改革后整体效率得到持续提升，应继续加强加快规制改革力度和速度。铁路产业生产率的变化同铁路规制改革节奏的变化几乎一致。从 1978 年到 1985 年，原铁道部开始放权让利，这大大提高了铁路运输企业的竞争力与自主性，过去的规范性的政策不再过于严格，规制改革带来的发展效果在 1985 年达到临界状态。从 1986 年到 1992 年，处于“大包干”发展阶段，不管是在价格规制上，还是进入规制方面，铁路产业都有所松动，其间在 1989 年综合发展效率达到峰值，然后效率开始下滑，而 1989 年到 1992 年正是我国经济转型阶段，“七五”进入收官，外部环境吃紧，给予铁路产业的优惠政策被削弱。从 1993 年到 2010 年，铁路产业开始进行现代企业制度改革并持续加大投资力度和速度，在 1994 年到 2000 年之间，处于规模效率下降、技术效率提升、综合效率下降的态势，这也符合技术周期和投资周期路线；2001 年到 2010 年，前期的企业制度改革以及技术和规模效应已经开始体现价值，各项效率逐步提升。从 2010 年到 2015 年，铁路开始深化规制改革、加大投融资力度，受巨额债务以及配套改革服务不到位等多重因素叠加影响，铁路发展效率均呈下降趋势。2016 年开始，随着中国铁路总公司完成集团化改造，以及《中长期铁路网规划（2016 年版）》的发布，中国铁路进入规制改革攻坚阶段，效率指标开始回升，在 2019 年达到峰值。

三、分配效率

铁路分配效率主要与价格规制有关。价格制定较为合理，可以实现企业效益与社会福利的兼顾和均衡。铁路行业从新中国成立以来就一直由国家掌控和运营，铁路运营价格通常也是由国家根据我国经济水平以及我国居民实际收入状况等因素综合制定出来的。我国现行的铁路票价制定主要就是根据铁路运营成本加上一定比例的提成。

在 20 世纪 80 年代之前，我国铁路行业运营中公益性占据了主导，因此当时铁路票价相对较为低廉，这种情况使得铁路行业的运营长期处于亏损状态，铁路建设需要依靠国家财政方面的补贴才能够正常开展，导致当时铁路建设及运营就成了国家和政府的负担。为了彻底改变这种状况，1983 年国家开始对铁路行业进行改革，主要标志为 1983 年和 1985 年的两次提价，但是这两次提价并没有取得实质性的突破，铁路行业运营依旧处于亏损状态。

改革开放以来，我国居民收入大幅增长，生活水平显著提升，市场开始逐步占据主导地位，可是此时的铁路票价依然稳如泰山，丝毫没有上涨的迹象，铁路票价水平还保持在建国初期的水平。虽然在此期间铁路票价因为运输工具的升级从 1955 年的 1.49 分 /（人・公里）提升到了 1.79 分 /（人・公里），自然增长了 20.13%，但是这种小幅度的提升根本满足不了其庞大的运营成本以及巨大的铁路建设支出。2002 年，郑州铁路局客运公司开始试运行，但是其价格依旧由国家制定，因此当时偏低的铁路票价使得公司长期处于入不敷出局面，在巨大亏损的背景下，郑州铁路局客运公司被迫停止营业。不仅如此，随着铁路技术与发展水平的不断提升以及铁路建设工程量不断增加，需要越来越多的投入来支撑庞大的铁路网络的正常建设和运行，铁路运营的低收入和铁路运营的支出以及建设投入之间已经严重失调，急需通过调价来扭转局面。国家也意识到这方面的问题，开始逐步将定价权利下放，可是这种定价权力非常有限，价格浮动范围较小，因此最终产生的效果也不是非常明显。

铁路行业是我国高度垄断产业之一，其运营过程中收支两条线方式的会计核算体系也相对较为简单，其实现过程为：乘客所购买的车票费用以及货物托运费用全部由发客局代收并上缴中国铁路总公司，中国铁路总公司按照不同运输局的实际运输成本计算出其运营收入。所以，地方运输局的运营成本同利益收入之间没有绝对的关系，经营效率也不会影响到其利益收入。不仅如此，铁路行业的所有收入中，国家还需要抽调一部分税收以及利润，因此最终分配到各铁路局的利润就更少了。

当前铁路行业的窘态不仅仅因为票价过低，还和运营成本有关。我国铁路行业自新中国成立以来一直具有公益性，只不过现在的“公益性”已经变味。铁路系统中大量的闲杂人员使得铁路运营成本常年走高。很多铁路企业在日常运营过程中不注重成本的控制，存在铺张浪费的现象。人力成本负担以及缺乏有效成本控制手段使得铁路行业的最终利润进一步减少。

综上所述，现有的铁路体制不利于铁路行业运营效率的提高，过高的运营成本以及不合理的收入分配使得铁路行业很难实现高效运行，政府的补贴也干扰了社会资本进入铁路行业，造成很多资源不能够得到最合理的使用。

当前，铁路行业想要摆脱窘境，就需要从上述三个要素出发，在改革中三箭齐发，从而从根本上解决问题。

四、影响中国铁路产业规制绩效的因素①

对于中国铁路产业规制绩效产生影响的因素较多，具体可根据两方面做研究，分别为铁路产业规制体系以及规制体制。

（一）规制体制因素分析

1. 规制主客体方面

我们要注意规制与管理的区别与联系，这有利于对症下药。政府从微观方面干预市场经济称之为规制，为此可以称之为微观规制。微观规制不等同于微观管理，微观管理是指政府从微观方面对国企进行管理（余晖，1997）。而微观规制是从外部对企业进行管理，政府处于绝对中立的位置，依照相关法律条例从微观方面管理经济主体，实际上就是从外部对市场主体的各类行为进行管制，在具体落实当中企业具有完全的独立性，但这种权利不可被转让给他方代理。但是微观管理是从内部进行管理，政府是站在投资

① 周小梅，郝绪跃．中国铁路产业绩效的影响因素分析 [J]. 贵州财经学院学报，2013（01）.

者的角度，根据行政方面的指令从微观上对市场经济主体进行管理的行为，也就是政府管理或者引导企业制定内部决策或者优化资源等，通常来说这种权利是可以进行委托的。

（1）铁路的组织架构

在我国实行改革开放政策以前，铁路产业的组织模式为四级管理与两级法人相结合。所谓的四级管理，即第一铁道部，第二铁路局，第三铁路分局，第四基层站段。而所谓的两级法人，即为铁路局与铁路分局，在我国实行改革开放的初级阶段仍未对该体系进行革新。在 20 世纪 90 年代为解决原有的组织体系产生的问题，国家对铁路行业的组织体系进行了大刀阔斧的改革。从 1996 年开始对铁路产业的组织体系进行了正式性的改革，铁路分局统统取消，铁路局直接管理基层站段。形成了昆明铁路局、柳州铁路局、呼和浩特铁路局、南昌铁路局四大铁路局共同管理站段的格局。铁道部还对基层站段做了重新布局，将客流量太小的车站废止，一些站段则被合并掉，从而更为迎合铁路运输市场的需求。1999 年，基于南昌、柳州、昆明、呼和浩特四大铁路局所管理的站段，成立了客运管理公司，由此形成了市场性的竞争主体。随后，广州市铁路客运公司也宣告成立。

这些措施都是在铁路局规制体系中实施的，重点是两级法人的区分以及再分配问题，将铁路分局以及铁路局进行合并或废除，这些都是从微观方面改革管理范畴，并没有涉及铁路规制体制方面的改革。自 2005 年开始，国家陆续将 41 个铁路分局废除，归并到 18 个铁路局进行管理，此时铁路管理采用三级管理结合一级法人的新型模式。可是三级管理组织体系依旧采用的是垂直式的行政管理模式，也就是说铁道部还是铁路行业的主宰者。基于该体系我国铁路行业采用垄断竞争方式，在市场组织规制上则运用的是纵向一体化与横向一体化相结合的模式，铁路运营路网以及铁路运输管理公司都借助于路网向客货提供运输方面的服务。

2013 年，铁道部拆分为国家铁路局和中国铁路总公司，规制主客体虽然进行了分割，但中国铁路总公司完全国有，在经营体制上和方法上并没有明显改善。到目前为止，我国铁路行业其实依然由国企（国家）完全主宰，可以说和铁路行业有关的一切业务都在其掌握当中。该体系的主要特点就是铁路企业和政府连成一体，从我国铁路行业的规制变革方面看，一直以来铁路行业实行的都是国有化运作模式。尽管在“七五”规划时期采用“大包干”模式，使得铁路行业国家完全管理的情况有所改变，明确了铁路行业跟国家的关系是经济责任关系，宣告铁路行业独自承担盈亏、自行制定发展战略、自我监督，表明铁路行业的规制正式放开，可是政企联合的模式并没有变化。现在的中国国家铁路集团公司也是采用政企联合的模式，中国铁路总公司等同于国家委托的代理人，负责管理全国的铁路事务，并监管铁路行业的所有资产，管理并运营铁路运输公司，统一管理铁路施工、铁路物资供应、铁路服务等业务，由此可见，我国铁路行业采用的是标准的内生型规制。这是计划经济时代造成的规制形式，在此阶段的确产生了较好的效果。可如今，我国正在大力推行市场经济体制，铁路行业采用的计划经济时代的规制明显无法满足当前市场的需求。

（2）铁路产业规制主、客体无法到位

铁路行业的规制主体以及客体、规制的监管部门、规制方面的法律条例共同组成了铁路行业规制体系，规制主体以及客体属于体系的行动者，在整个体系当中占据中坚地位。但我国铁路行业实行的是政企联合的垄断式运营模式，这使得铁路产业规制的主体以及客体实际上处于缺位的状态。

① 铁路产业规制主体缺位

2013 年铁道部拆分，成立国家铁路局，由交通运输部进行管理，负责制定铁路施工规范及技术标准，对铁路安全运营、施工质量、服务质量等的监管。成立中国铁路总公司，主要负责铁道部的企业职能，包括统一调派铁路运输，开展铁路客运、货运业务，负责特运工作及专运工作，规划铁路设施的建设，同时作为铁路运营安全的关键责任体。由于铁路规制的革新，中国铁路总公司对铁路运输能够统筹管理与调配，进而实行铁路整体的集中统一管理。

这是一大进步，但中国铁路总公司是国务院正部级直管企业，国家铁路局隶属于交通运输部属于副部级，国家铁路局怎么能去规制正部级的中国铁路总公司？由现实意义上来看，我国的铁路行业规划主体是不到位的。

随着经济的快速发展，铁路产业规制主体缺失所造成的不良影响逐渐加深。例如：最近几年铁路运输服务快速发展，而相应的管理制度与行为规范却有所缺失；铁路运营收费虽对外宣称是国家严格管控、统一制定，可是实际运作中却另行收费、隐性加价的问题尤为突出，部分线路的火车票仅可由代理或者订购获取，中间环节所产生的手续费用使票价间接性增加，无法有效落实票价规制；区域性铁路就重空车交接等问题上存在垄断性，难与国家铁路线路网协调作业，交通运输部原本负责所有铁路产业的规制，但实行起来却仍是以铁路公司的收益为重，所以难以组建有效的公平、公正的市场竞争机制。铁路产业规制主体的不到位不仅是现今铁路行业面临的关键性问题，同时也是体现我国铁路改革成果的关键要素。

②铁路产业规制客体尚未到位

所谓的规制客体，即为被规制者，也叫作规制对象。相对完善的铁路规制体系中，规制对象为所有的铁路公司，也就是指铁路运营网中的所有公司，即铁路运输企业和辅助性服务机构。目前，我国虽然成立了中国铁路总公司，但因为垄断运营，产权结构简单，依然政企不分，规制客体实际上尚未到位。

第一，中国国家铁路集团公司没有健全的规制客体职能。我国铁路网共设有十八个铁路局，还包括机车车辆、物资供销等诸多专业部门，中国铁路总公司负责对铁路各个运营路线的调配，国有资产收益的增值保值，同时负责选拔各铁路公司的管理人员，分配运营资金，对各个公司的运营盈利与损失进行管理。它是铁路产业的核心管理部门，不仅担负着铁路体系的运营工作，同时也是铁路产业的规制对象。从整体来看，中国铁路总公司采用面向生产与计划的运营模式，并非面向产品与市场的经营模式，无法满足市场发展的需求。其本身所承担的市场化企业职能并不健全。

第二，中国国家铁路集团公司没有导入有效竞争。提高铁路运营效率是规制改革的根本目的，于此需将其放入市场竞争环境中，而此类竞争表现在不同类型运输企业之间。若铁路改革只是表面上打破铁路垄断，进行拆分与产业重组，实际运营中依然是以国有产业的经营模式为主，则会造成国有企业间的无效竞争。这是由于国有企业的经营模式和收益与企业自身利益不存在密切关系，就算企业经营亏本，国家财政也会给予补贴，因此国有企业通常不存在经营风险，也就难以生成竞争压力与动力。并且该竞争是“自我的较量”，无法发挥其本质作用，最后铁路改革只能沦为“形式改革”，经营效率无法提高，也无法形成规模经济。所以中国铁路产业如果对产权制度不进行深度改革，引进多种经济主体，那么规制客体便无法发挥其真正的效果。

综上所述，我国铁路行业长时期处于垂直垄断经营、政企不分的状态，致使规制的客体与主体不到位。

2. 法律法规和规制监督机构方面

我国铁路规制采用渐进式的改革措施，基本为先改革再立法，这使得铁路在立法方面滞后，无法适应当今时代的发展需求。

国内铁路发展变化较为迅速，改革力度较大，只有基于法律层面出发，对社会各界的行为进行有效规范，才可以促使改革更好更快的推进，保障改革目标顺利实现。我国现行铁路产业规制的行业法主要有《中华人民共和国铁路法》及配套法规和规章，另外还有国务院的三项辅助性行政法规：《铁路运输安全保护条例》《铁路留用土地办法》和《铁路军运暂行条例》。

《铁路法》生效于 1991 年 05 月 01 日，在 2009 年 8 月 27 日和 2015 年 4 月 24 日进行了修正，其指导思想主要是为了保证国家基础设施的安全，而不是为了规范产业中各主体的行为，因此，其内容大多是维护传统规制体系和体制的。这部法律对铁路产业规制体系各方面都做了具体规定，例如：在规制主客体方面，第一章第三条规定“国务院铁路主管部门主管全国铁路工作，对国家铁路实行高度集中、统一指挥的运输管理体制，对地方铁路、专用铁路和铁路专用线进行指导、协调、监督和帮助”。在准入方面，《铁路法》将铁路划分为国家铁路、地方铁路、专用铁路以及铁路专用线四类，其中国家铁路、地方铁路等承担公共客货运输服务，成为铁路运输企业。专用铁路兼办公共旅客、货物运输营业的，须报经省级人民政府批准，适用铁路运输企业规定。这实际上将铁路运输市场中的经营主体严格限制在由政府直接投资、管理的国家铁路、地方铁路，以及少数经省级政府批准的专用铁路等三类，其他国内外经济组织不能成为铁路运输市场的经营主体。在价格规制方面，第二章第二十五条规定“铁路的旅客票价率和货物、行李的运价率实行政府指导价或者政府定价，竞争性领域实行市场调节价。政府指导价、政府定价的定价权限和具体适用范围以中央政府和地方政府的定价目录为依据”。这说明国家对大多数属于铁路运输企业的各项收费都有规制权。在铁路投资方面，第三章第三十四条规定“地方铁路、专用铁路、铁路专用线的建设计划必须符合全国铁路发展规划，并征得国务院铁路主管部门或者国务院铁路主管部门授权的机构的同意”。这说明投资铁路会受到严格的规制。[①]

由此可见，原有的法律法规与规制改革并不配套，我国正处在改革铁路规制以及推动铁路快速发展的关键阶段，因此必须进一步增强铁路法制建设，从而提供强大的法律保障为铁路发展服务。

除此之外，在铁道部拆分之后，即使能实现形式上引进竞争，不过实质无法保证其公正性，由于是产业主管部门负责拟定相关的法律政策，所以局限性非常明显。《反垄断法》对双重监管有很大帮助，能够避免规制俘获，而且可以促进竞争，在一定程度上弥补了法律法规的局限性，但铁路产业以“关系国民经济命脉和国家安全的行业”的名义实际上享有一定的豁免权。《反不正当竞争法》在1993年正式实施，关于自然垄断产业，这部法律并没有做出详细说明，另外也没有制约企业合法的战略性行为，没有发挥出应有的作用，从而无法确保铁路规制改革的效果。

从规制监督机构中了解到，独立规制监督机构缺位的问题普遍存在于我国受规制的行业中，在短时间内很难解决。中国国家铁路集团公司代表国务院行使企业职能，国家铁路局代表国务院行使行政职能，中国铁路总公司属于特殊法人企业，与国家铁路局同属政府机构，这属于“自家人监督自家人”。

---

① 中华人民共和国铁路法（2015 最新修订版）[M]. 北京：法律出版社，2015.

同时，国务院与交通运输部（国家铁路局）难以设立专门独立的国家出资人代表机构，难以行使规制监督机构的职能，负责对监督机构进行规制。国家发改委也不过仅仅能对铁路发挥监督自然价格监督和检查职能。除此之外，截止到现在我国都尚未创办社会监督机构和专业的消费者组织，所以铁路行业同样也没有社会规制监督机构。

（二）规制体系因素分析

1. 价格规制

尽管我国在自然垄断行业政策上的管制更加放松，解除了其他运输方式在价格上的限制，而铁路运输的价格规制却依然非常严格。中央掌握铁路的价格制定与调整权力，企业只能通过延伸服务或季节变动来进行轻微的价格调整，无法灵活应对市场的需求变动。不但如此，企业无法从低廉的运输价格中获取足够的利润，难以维持自身的再生产需求，因此无法吸引到更多的民间资本和外商投资。在这样的情况下，国家必须放松铁路价格规制。

价格规制过分严格，僵化了铁路行业的定价机制，使得价格制定与调整工作至今沿用着较为落后的价格规制方法，整个定价体系在监管缺失的情况下缺乏科学性，制定出的价格也不切实际。不但如此，缺乏合理性的制度设计也让收入分配缺乏效率。以下几个方面都是严格的价格规制所引发的问题：

第一，我国遵循落后的“成本加成定价法①”来制定铁路的基础运价。定价时对服务质量、物价指数、成本下降率等多种客观影响因素缺乏综合评价，主要依据只有企业在进行价格制定或调整前所上报的成本，在成本的基础上根据加成率计算出相应的利润，将二者相加后，就得到了最终定价。国家发改委作为铁路运价制定部门，在制定铁路运价时，并未考虑到控制价格需求的层面，只考虑了价格制定公式的易操作性和简便性，数据获取方面，调查企业的实际成本缺乏主动性，主要参考企业自行提交的数据，缺乏明确的定

① 成本加成定价法（cost-plus pricing）是按产品单位成本加上一定比例的利润制定产品价格的方法。大多数企业是按成本利润率来确定所加利润的大小的。即：价格 = 单位成本 + 单位成本 × 成本利润率 = 单位成本（1+ 成本利润率），完全成本加成定价法是企业较常用的定价方法。

价规则和法定的量化依据。这样的定价方式必然会削弱铁路运输企业的成本控制力，也未激发这些企业在扩大供应、增大投资以及提高服务质量方面的热情，阻碍了铁路运输的市场化进程。与此同时，这类定价方式决定了铁路企业的收入将随着成本的上市而提高，导致铁路企业无法借助价格优势来实现盈利。铁路企业多获取一些收益，一是虚报成本，二是提高成本，这样一来，铁路运输的成本将会越来越高，行业的整体效率必然会因此下降。

我国铁路运输行业不仅沿用了落后的定价方式，定价部门还出于保障自身经济建设发展需要，借助自身政策优势，故意采用较低的加成率。考虑到铁路企业自身运营发展需要和其他运输行业的定价情况，铁路运输业定价较低，这也成为始终无法盈利的重要原因。虽然国家赋予了中国铁路总公司高铁一定的价格自主权，但中铁仍缺乏整体定价权。没有定价权就没有实际操作权，2002 年初，郑州铁路局的客运公司进行了自主经营试运行，期间由于亏损数额巨大，被迫在 20 个月之后停止运营。国内的其他客运公司，基本都遇到了同样情况。

第二，铁路建设基金“价外征收”的政策也暴露出了铁路定价扭曲的问题。铁路建设基金设立的初衷是为了提高铁路建设速度，弥补资金缺口。大多数情况下，企业应该用正常价格中的一部分来获取基金，在产品或服务销售过后从中按照相应的比例进行提取，以满足自身扩大规模等发展方面的需求。但我国一直以来都以价外收取的方式来获得铁路建设基金。这部分基金的数额在运价总额中占据了四成左右的比例，却未被算在企业的运营收入之中。在货运业务中，建设基金的收取金额与运价金额之比为 9∶20。尽管货主并不能对这两项收费作出严格区分，但二者理论意义是完全不同的，不能与统一运价混为一谈。基金价外征收的情况使得铁路运营收入利润与实际情况不符，铁路运输企业难以通过合理的利润收入获取资金积累，难以提高竞争力①。

第三，运价秩序混乱，存在很多价外收费情况。铁路部门在制定运价的过程中，设置了很多延伸服务费用，这些费用打着服务客户的幌子，实际是

① 褚楠楠．我国高速铁路成本效益研究 [D]. 石家庄：石家庄铁道大学，2013（6）.

为了提高铁路运输企业的经营收入，导致这部分收入在铁路多种经营总收入中占据了很大比例（约70%），也只有这些费用，其定价权才归属于铁路运营企业。虽然收取延伸服务费用可以帮助铁路运输行业在体制环境内获得一部分经济效益，但由于铁路行业特殊的垄断地位，这种费用很容易成为铁路系统内大量利益主体的牟利工具，产生很多不合理的费用，甚至出现重复收费的情况。收取费用的主体不但包括运输企业，还包括各种协会等。很多延伸费用的价格显著提高了我国铁路运价的总水平，大大降低了铁路在综合运输领域的价格竞争力。

第四，铁路运价制度的制定、执行缺乏相应的监控制度。目前已经通过价格听证制度来制定现在的中国铁路运价，但定价听证制度并没有发挥应有的作用，听证对价格的制定缺乏影响力。同时，目前铁路收费乱的情况较为严重，同时也不存在有效的措施监督价格规制，价外加价的情况频繁出现，例如搭车收费以及铁路建设基金都属于价外收费。

第五，跨局运输清算收入制度存在以下几个问题：

首先，清单单价的订立需要根据运输成本，它不代表铁路运输企业的收入。一些取得较大成果的单位没有因为这种收益分配制度得到更多的分配，反而承担任务较少的单位也能保证原有的分配，在这一不合理的制度之下，铁路运输单位的工作目标就是对上级负责，在市场发展中缺少创新力。

其次，一般通过简单的方式就能核算跨局运输中货运价格，客运的复杂决定了铁路局之间核算的复杂性。中国铁路总公司有18个铁路局，这18个铁路局划分了原本相互连接的铁路网。在计划经济体制中，通过人为方式划分铁路网对经济人文的发展没有较大的影响，但是在市场经济体制下，人为对铁路网的划分却带来了许多问题，经济发展程度越高的城市就会有越多的副作用。我国东部人口多，东南沿海在经济发展上也属于前列，经济越发达人口流动性越大，从东部到北部铁路营业里程越来越多，但是人口流动量却越来越少。通过统计发现，在总运输量中铁路跨局运量至少占60%以上[①]。

① 于良春，彭恒文．中国铁路运输供需缺口及相关产业组织政策分析[J]．中国工业经济，2005（4）．

再次，跨局运输使铁路局之间收入的核算繁杂化，不仅使得核算成本增加，同时也导致了其他深层次的弊端。运输市场获得的收入上交给中国铁路统一分配这些收入，在这种分配模式中，各铁路局提供的市场产品不是独立的，市场上收入也不是独立的，很多铁路局并不能进行单独的成本核算，丧失了降低成本的意愿，这也是导致我国铁路效率不高的重要原因。

最后，因为出现了划分的多个铁路局，“管内归己、直通清算[①]”的分配制度在1994年实行。“管内”收入是指运行过程中不涉及其他局的各种收入；“直通”收入是指发到站不属于同一路局，运行过程中涉及其他路局。各个局的工作效率直接影响他们的直接收入，因为铁路跨局运输在我国极为常见，因此各铁路局的主要运输收入受分配收入决定，所以他们会为了获得更高的收入去争取上级的分配资金，而缺乏投入精力提高其管内收入和提高服务品质的动力，这种平均主义的分配制度存在于我国的铁路运营机制之中，这种制度的最大问题就是造成目前铁路营运效率的低下。

2. 进入规制方面

从铁路市场的准入角度出发，把铁路分为如下四类：第一类国家铁路，通过国家铁路局和中国国家铁路集团有限公司直接管理；第二类地方铁路，通过当地人民政府直接管理；第三类专用铁路，通过企业或其他的单位进行管理；第四类铁路专用线，专门为本单位或者本企业使用[②]。第一、第二类主要提供公共客货运输的服务，属于铁路运输企业。第三类若要开展货物运输以及公共旅客营业，则需要通过省级人民政府给予批准方可进行，需要符合铁路运输企业的相关规定。在铁路运输市场当中，经营主体只能为第一、第二和第三类。其中，第一、二类直接由政府投资来进行管理。

从以上规定中可知，国家依然承担着建设与经营铁路干线的职责，除此之外，只能在某些支线上实施不同方式的多样化融资制度。现阶段依然没有打破上下一体的垄断局面，上部客货运输领域的竞争性越来越明显，但是也

① 通俗而言，即路局内的运输收入归路局所有，跨路局的运输收入由资金清算中心清算分配。

② 铁路专用线指由企业或其他单位管理的与国家铁路或其他铁路线路接轨的岔线。

尚未放开。外商投资和民营经济成分在进入时，因为进入规制的严格性而受到很大影响。不包括进入要求严格导致的人为障碍在内，铁路成本高、盈利少、工期长等原因同样限制了各种资本的进入。一方面非国有资金进入难度较大，另一方面地方财政也不愿投资。

我国外商投资以及地方投资受客观限制和人为障碍等因素的影响，在铁路投资方面所占比例并不高。从 1980 年开始，在铁路建设的全部投资中，地方政府投资比例都在 10% 以下，截至目前，都尚未确定一种和铁路现状相适应的利用外资模式。可见，资金来源途径并不是很多。总结起来，我国铁路产业对外资和民营资本使用的情况为：方式不够多样、规模太小以及增速有待提升。

受铁路产业自身定价低、费用高等因素的影响，很多资源都无法向铁路产业进行转移，资源分配不合理，铁路产业瓶颈问题愈加明显。当传统垄断部门（如电信、电力、航空）的改革正在大力进行时，铁路需要尽快调整进入规制。

五、实例研究——以高铁为例的成本收益分析

高铁、快铁、普铁是中国铁路的三大类别。现如今，高铁已经是反映一个国家交通设施先进程度的招牌。但相比之下，高铁建设需要巨额投资，而且回报周期长、沉没成本高、技术难度大。因此，要实现高速铁路的可持续发展，必须分析高铁的投资成本与收益。

（一）成本影响因素：

成本影响指标有两级，第一级指标是指：技术水平、安全标准、环境因素、效益。第二级指标是指：硬件和软件设施。硬件实施包括软硬件匹配度、对环境的影响、经济效益，软件设施包括相关制度政策的制定、环境恢复的难易度、社会效益等。

从上述二级指标可看出，一级指标为基本因素，而二级指标则为一级指标的发展延伸，是其进一步的分类与细化。例如：高铁硬件中软件的操作，硬件设施和软件设施的先进水平、操作人员的实际能力等都属于二级指标。

首先做一个成本模型的假设：假设国家对于高铁的建设初始投资为 P，

根据资金回报率，每年产生的收益是 n 年后的本金和利息之和。假设高铁的资金回报率为 r，则：第 n 年后的总收入公式：

$$P_n = P(1+r)^n$$

如每月结算一次，按照复利 r/12，共结算 12n，则 n 年后国家的总收入为：

$$P_n = P\left(1+\frac{r}{12}\right)^{12n}$$

若每年进行 m 次结算，复利率大小是 r/m，总共进行 mn 次结算，那么 n 年之后，国家的总收入为：

$$P_n^m = P\left(1+\frac{r}{m}\right)^{mn}$$

通过连续复利，最终国家总收入：

$$P_n = \lim_{m\to\infty} P_n^m = \lim_{m\to\infty} P\left(1+\frac{r}{m}\right)^{mn}$$

本金用 P_0 表示，利率用 i 表示。若一年中包括复利结算周期为 m 个，如果每个月算一个复利结算周期，那么 m 数值等于 12，若一个季度算一个复利结算周期，那么 m 数值等于 4，则在 n 年之后，本利和大小是：

$$P_{nm} = P_0\left(1+\frac{i}{m}\right)^{mn} = P_0\left(1+\frac{i}{m}\right)^{im^{ni}}$$

m 在趋向无限大的时候，本利和的计算公式：

$$P_n = \lim_{n\to\infty} P_0\left(1+\frac{i}{m}\right)^{mn} = P_0 \lim_{n\to\infty}\left[\left(1+\frac{i}{m}\right)^{\frac{1}{im}}\right]^{ni}$$

从复利理论我们可以推导出，社会的贴现率越高，高铁的实际收益水平就会降低，而社会贴现率是与未来的通货膨胀率挂钩的。此外，社会福利成本的影响对高铁的投入也有一定的影响。与客流量也有密切的影响，客流量大必然导致高铁的后期管护成本加大。此外，还与运输市场的整体运输水平密切相关。

不考虑其他因素，总成本可以近似表示为：

高铁的基础性建设成本 + 高铁在后期维护的费用（维修费用、设备费用、人员的管理费）+ 运行成本（消费者消费欲望影响）+ 政策性补贴假设工程总成本如下：

$$I+\int_0^E \left(C_1(Q)\right) e^{-n} dt$$

部分投入成本，用 I 表示；建设成本用 Ct 表示；安全成本、环境成本和技术成本等相关成本，用 Ctq 表示。E 为当复利的周期为无限大时，意味着资金运用率最大限度地使用 $\left(1+\frac{i}{m}\right)^{i/m}$ 的极限为 e。

（二）收益构成

基本收益公式为 E=V/C，成本投入为 C，V 为投入成本所产生的效益。

高铁由于成本影响因素多，导致收益的层次也比较复杂。高铁的收益主要来自财务收益、运营收益和外部收益三种。运营收益占高铁收益的主要部分。而高速铁路的收益主要来源于票务收入，长远看高铁的建设不光是票价的内部收益，还有刺激沿线经济的发展、促进相关区域的人口就业、推动相关产业的发展等外部性带来的收益。

（三）高铁争议问题

从 1997 年到目前，我国铁路共实施了六次大提速。2011 年在甬温线发生的“7・23”重大交通事故后，铁道部发表声明，实施了降速处理，高铁时速为 350 和 250 公里的，分别降为 300 和 200 公里。之前进行提速变为 200 公里的所有线路，均不得高于 160 公里开行。这意味着目前我国大多数高铁线路均回到 2007 年我国铁路第六次大提速前的速度状态。这种情况是否合理，以京沪高速铁路为例分析：

京沪高速铁路有 1318 公里的总长度，达到了每小时 350 公里的速度，属于我国目前最为先进的高速铁路，在世界范围内属于一次性建成的最长里程、最高标准的高铁。之前的纪录保持者是西班牙，长度 628 公里，从马德里开往巴塞罗那，每小时 300 公里，运用了法国的 TGV 技术，投资总额达到了 70 亿欧元，在 2008 年 2 月 20 号正式运行。相比之下，京沪高铁具有更大的规模，京沪高铁消耗钢材共计 500 万吨，是三峡工程消耗量的七倍；水泥消耗 4000

万吨，是三峡工程消耗的六倍；高速钢轨方面，钢材消耗 32 万吨，突破 5000 公里的总长度；耗电量达到 4.5 亿度，该电量可以让 20 万用户的家庭使用一年时间。即便是施工图纸的重量都达到了几十吨，提供的就业岗位多达百万个。

京沪高铁如此大的投资，开始设定的标准 380km/h，2011 年 7 月运营速度从 350km/h 降为 300km/h，2017 年 7 月又提速到 350km/h。在已经保证安全的前提下，降速对资源是否是一种浪费，我们试论证一下。

1. 不考虑运营成本，仅从投入成本和客运收入角度分析

根据 2011 至 2019 年京沪高铁的相关运营数据，进行净现值分析对比（此模型没有考虑运营过程带来的其他收益，数据单纯是客运收益）①，2011 至 2016 年系降速运营阶段，2017 年之后系提速运营阶段。

净现值 = 未来报酬的总现值—初始投资现值，公式表达为：NPV= Σ (CI-CO)(1+i)^-t，CI 是指现金流入，CO 是指现金流出，（CI-CO）得出第 t 年净现金流量，i 是指折现率。本分析中，i=4.41%，以国家开发银行 5 年期贷款基准利率下浮 10% 为计。

数据计算得出，降速后，2012 年、2013 年净现值为负，实际投资报酬率低于所要求的报酬率；2014 年、2015 年、2016 年净现值开始为正，说明方案可行，但从 2017 年提速后净现值迅速攀升，这表明提速带来的增收效果明显（见表 5-8）。

表 5-8　2011 年至 2019 年京沪高铁的相关运营数据

	2011	2012	2013	2014	2015	2016	2017	2018	2019
国家铁路旅客周转量（亿人公里）	9612	9812	10596	11242	11961	12579	13457	14147	14707
增长率	9.70%	2.08%	7.99%	6.10%	6.40%	5.17%	6.98%	5.13%	3.95%
客运收入（亿元）	——	173.8	222.6	300	234.25	262.58	295.55	311.58	329.42
客运利润（亿元）	——	-37.2	-12.9	12	65.81	79.03	90.53	102.48	119.37
必要资本收益率	——	——	——	——	——	4.37%	5.10%	5.80%	6.60%
净现值	——	-34.12	-11.33	252.44	188.79	202.68	218.49	220.61	223.39
总的期初投资（亿元）	2209								

① 净现值法：净现值法就是按净现值大小来评价方案优劣的一种方法。净现值大于零则方案可行，且净现值越大，方案越优，投资效益越好。净现值为负，说明方案不可取，方案的实际投资报酬率低于所要求的报酬率。

2. 高铁客流量和高铁耗能成本方面比较

基于国民经济与企业财务效益层面出发，对比分析 200km/h、250km/h 和 300km/h、350km/h 几种速度。

首先，分析客流量。高铁客流量与速度目标值成正比，300km/h、350km/h 方案和 250km/h 方案对比，客流量增加幅度分别为 6%、10%。

其次，分析成本。能耗属于提速后主要增加的运营成本。将以京沪高铁和谐号 CRH380A 型电力动车组为研究对象，其每小时 300 公里的速度，平均 100 公里每人耗电量为 3.64 度，全程人均耗电量大约 48 度。与客运飞机、家用轿车和中型客车能耗相比，大约分别为 1/12、1/8 和 1/3。

接下来测算速度为 350 公里 / 时的耗电量。高铁的高速运行的主要阻力来自空气阻力，计算空气阻力公式为：Fw=1/16・A・Cw・v2(kg)，其中：v 为行车速度，单位：m/s；A 为车横截面面积，单位：m^2；Cw 为风阻系数。空气阻力与速度成平方正比关系。350 公里的阻力为 300 公里时速的 1.36 倍，运行距离相同，于是所消耗的能量为 300 公里时速的 1.36 倍。

再次，收益综合分析。300km/h、350km/h 方案和 250km/h 方案对比，耗能分别增加了 20% 和 45%，投入的总成本增加 5% 和 10%。该数据不会由于铁路提速而造成耗能成本的大大提高，所得收益要远远大于耗能投入。

最后，从国民经济效益角度分析，高铁提速有利于缩短旅客的旅途时间，节约时间成本，大量旅客出行时都会更多地侧重于铁路方式。铁路综合运输成本的降低将带来整个社会运输成本的下降，会给社会福利提升产生较大促动。

以上分析表明，高铁降速并没有带来收益，反而影响了国家修建高铁的初衷，影响了大众对于高铁出行的需要，影响了给相关产业经济带来的正外部性。高铁按 350km/h 标准投入使用，是经过国家相关部门反复验证考察的，不能因为某些原因轻易降速，这样必然会导致资源浪费。

第六章　深化中国铁路产业规制改革的路径选择和政策建议

第一节　深化中国铁路产业规制改革的基本原则

我国铁路产业规制改革的基本原则需要重点考虑到以下因素：战略需求、社会资本的进入、打破传统垄断格局、提高铁路系统运营管理效率、降低铁路经营成本等，解决这些问题的目的是实现效率与社会福利的共同进步。

习近平同志指出："在适度扩大总需求的同时，着力加强供给侧结构性改革，着力提高供给体系质量和效率，增强经济持续增长动力，推动我国社会生产力水平实现整体跃升。"[①] 我国铁路产业的规制改革正是从供给侧提高效率，从而满足需求侧消费者的需要。除了国家安全发展战略需要以外，在众多要考虑的改革因素中，归宿点是满足消费者的需要，无论是放松规制、引入竞争，还是区分公共性与企业性、引入激励性规制，抑或是健全法律制度，如果能牢牢把握满足消费者需要这个牛鼻子，问题便找到了基准点，而消费者的核心需要就是选择权。

我国铁路产业的部分业务具有一定的垄断性，如果引进市场机制，给予消费者选择权，就会促进外部压力进入铁路系统，促进铁路系统进行自我改革，从而不断提高效率。如果能够通过市场竞争确保消费者具有更多的选择权，其效果要远远好于通过行政约束垄断者的行为。因此，对我国铁路产业进行深化体制改革需要充分考虑消费者的选择权。

实际上，保证消费者的选择权可以通过两种途径实现。其一，采取有力措施确保消费者的自我选择权；其二，政府赋予消费者选择权。第一种情况主要依靠市场力量进行调节，第二种情况通过国家干预进行调解，第二种情况是对第一种情况的补充。消费者的选择权又包括两种形式，即横向选择权

① 习近平同志在 2015 年中央财经领导小组第十一次会议上讲话。

和纵向选择权。能够通过自我意识作出选择的属于横向选择，这种方式主要是社会上已经提供了多种方式，消费者选择任何一种都能达到自己的目的，也就是说，可以在不同行业或不同企业作出最适合自己的选择；而对于纵向选择来说，一般都是由政府进行主导，由于各种原因，消费者无法进行选择，而让政府部门代替消费者作出的一种替代选择。所以，要想使得消费者的选择权得到切实保障，就应该从制度上对消费者选择权进行确认，保证消费者的选择权可以切实得到落实。

一、横向自我选择权

消费者对于铁路的横向选择可以分为业内选择和替代竞争之间的选择。由于铁路上部运营业务不再具有强自然垄断性质，如果还是采取垄断经营的新模式，就无法保证铁路产业的市场竞争力，从而导致铁路运营企业失去外部压力，使得铁路内部管理松弛，技术更新缓慢，运营效率整体低下。所以在铁路营运业务领域要适当引入竞争，使同一条线路有多家铁路客货运企业通过行业竞争确保消费者的选择权。这种竞争机制主要依赖于铁路基础设施的建设情况，如果铁路干线不能满足两家及以上的铁路客运企业的使用，那么这种竞争机制就不能实现。当然，如果引入竞争机制，还要防止少数客运企业联手共谋，如果他们保持价格和效率一致，实现行业垄断，将使消费者的自主选择权形同虚设。因此，实现有效竞争，必须从根本上实现消费者选择权，无论是行业内的横向竞争还是区域间的比较竞争，都是为了解决该问题。铁路行业引入各种竞争机制有助于保障消费者的自主选择权，就消费者与铁路行业来说，还存在各种信息不对称的现象。因此，引入政府规制，导入行业竞争可以切实维护消费者的自主选择权。

二、纵向委托选择权

铁路行业下部路网基础建设属于强自然垄断形式，随着我国铁路规制和先进改革模式的深入借鉴，铁路上部的客运和货运组织已不再具有强自然垄断性质，因此可以在这一领域引入相关竞争机制，确保铁路行业的效率提高。

这一领域的竞争对于消费者来说属于纵向选择。对于消费者来说，即使消费者可以选择其他运输方式，其他运输行业也必须达到能为消费者提供相应服务的水平。由于各个地方特殊地理条件以及经济发展水平的限制，并非所有地方都能提供优质的铁路基础建设，因此在一些落后地区，消费者就无法拥有更多的选择权。此外，虽然铁路上部客运运营已经不再具有强垄断性质，但是铁路客运的成本投资巨大，即使铁路基础建设满足多条铁路客运，但铁路机车等运营工具也是一笔较大的投资。况且，过多企业参与竞争，降低规模经济，很可能导致铁路客运的效率反而下降。赋予消费者纵向选择权提高铁路营运效率可以解决以上问题，但该项权利由政府部门受消费者委托行使。

消费者拥有纵向选择权的前提是铁路放松进入规制，开展特许投标经营。特许投标经营就是在保证效率与质量前提下，允许资质条件符合标准的其他企业参与铁路产业务的经营权投标竞争，政府从中选取最低报价。实际上这种经营模式可以保证以最低的价格提供合格的服务，从本质上来说，是政府利用自身的优势替消费者选择合格的服务或产品。之所以由政府出面代替消费者进行选择，主要在于消费者由于自身的限制，无法作出合理选择，比如较为分散难以形成统一意见、缺乏信息无法正确选择优质服务等。由于这种选择是由政府替代，所以必须保证所有投标企业参加投标的公开、公平、公正性，尤其是如果投标企业不多时，要防止企业间彼此串谋形成垄断，进而影响投标的公正性。通过这种投标的形式可以使中标企业只能获得正常的利润，价格趋低。这种使得消费者拥有选择权的形式可以促使企业采取各种措施不断提高服务和效率，进而占领市场。所以特许投标应该定期举行，这样就可以使得效率最高服务最好的企业进入其中。政府作出替代选择必须经过民主评审，充分征求消费者意见，制定合理的方案与选择，切实保障政府的替代选择符合消费者意愿。这种选择可以促进市场不断完善，但绝不是通过政府选择替代市场选择。

实际上，行业内部竞争以及行业之间彼此的竞争并不取决于业内市场集中程度，也不在于消费者有多少可以选择的方式，关键在于消费者有自主选择权，而不是被迫进行选择。铁路规制改革要关注实质原理和问题，不要流于形式，放松规制和导入有效竞争的深层目的都是把选择权赋予消费者，否则不会有实质性的效果。铁路分拆尤其要注意这一点。

第二节　价格规制改革

政府要对铁路产业结构进行重组，引进合理的竞争对手与环境，凭借市场力量，使得运输价格趋于合理水平。政府的价格规制仍然具有必要性，能够有效指导市场价格的形成，但是应该对原有的价格规制方式进行改革，针对不同垄断程度的业务区别制定价格政策，推出符合市场要求的价格规制手段。

一、分领域分类定价

（一）铁路路网组织业务领域设立价格上限

由于铁路自身的特殊性，当铁路市场结构进行重组后，在基础建设方面仍然存在强自然垄断性，与电信服务等行业相比，铁路运输对路网基础设施具有较强的依赖性，因此政府必须制定价格规制。

对铁路路基基础设施进行价格规制，长期以来一直是我国政府对铁路产业进行规制的重要体现。垄断行业一般都缺乏提高行业效率的动力，缺乏通过改进技术与管理不断降低经营成本的压力。所以对这些行业进行价格规制能够有效提高其效率，迫使其直接面对成本压力。因此，可以设定虚拟的市场竞争环境，建立具有约束力的价格规制模型。国外一些发达国家曾建立过最高限价规制模型，在实际运用中取得了较好的效果。

价格上限规制的基础模型为：

$$P_{T+1}=P_1[1+(CPI-X)]$$

该模型具有很多优点，比如当某一时期固定价格上涨后，企业为了获得利润不得不采取相关措施降低成本。考虑到我国铁路产业的现实情况，我国可以充分借鉴上述上限规制模型，采取“成本－效率”模型。

1. 原始模型

所谓的成本效率模型实际上是以科学合理的基础价格为前提，衡量当年的 CPI 指数以及铁路路网建设效率，由相关规制机构制定价格。这种模型可以确定最高限价和基础价格两部分价格。我国学者对最高限价确定如下：

确定的基础价格必须保证能够偿还企业的生产成本，进而使得企业具有再生产能力。通常来说将上一年的年度平均单价成本作为基础价格，记为 C。当基础价格确定之后，最高限价就得以确定：

路网收费服务当年最高限价＝基础价格 ×（1+ 允许涨价率）＋利润＋税金

年度允许涨价率＝当年全社会居民消费价格指数（CPI）－核准的年度生产效率增长百分比（X_1）

利润是当年的基础价格 C 与成本利润率相乘之后得到的利润额，对于企业税金这部分需要单独进行计算。

根据以上分析就可得出铁路路网收费服务的政府规制价格（P_1）：

$$P_1=C_1\left[1+\left(CPI-X_1\right)\right]+V_1C_1\left[1+\left(CPI-X_1\right)\right]+T_1$$

上式中，P_1 表示的是路网使用费，C_1 表示的是平均单位成本，CPI 表示消费者物价指数，V_1 表示的是成本利润率，X_1 代表的路网收费服务的生产效率增长率，T_1 代表缴纳的税金。

2. 改进原始模型

用原始模型确定基础价格有如下缺点：首先，路况不同则铺设过程需要不同的成本，当前铁路建设技术水平逐渐成熟，不同技术和方法的施工成本也不相同，在铺设铁路过程中需要将不同技术综合运用起来，从而适应各种施工环境，因此其铺设成本也应该根据铺设实际情况确定，所以按照年度平均成本来确定基础价格尚不周全；其次，原始模型中的成本利润率同成本和定价相关，并没有考虑到其他方面的因素，因此定价较为片面。

事实上，基础价格需要补偿的成本包括初始投资成本以及变动成本，通过限制路网基础设施的垄断高价，能够有效避免这些垄断行业因为其地位特殊而肆意制定价格，这对于民众来说是合理的，可是在制定价格过程中应该综合考虑路网建设以及运营的成本，保证其获得的利润起码相当于银行的利息，这样才能做到均衡，保证资源配置效率合理，这也有利于我国路网未来的扩展建设和升级。基于上述分析和研究，本书针对原始模型做出几点改动。

将路网基础设施使用转让权按年为单位，那么假设基础价格为 P_0，模型为：

$$P_0 = A \times \frac{i}{1-(1+i)^{-n}} + C_v$$

其中，A 为铁路基础设施初始的固定投资，i 为平均利润率，n 为铁路基础设施预计使用年限，$\frac{i}{1-(1+i)^{-n}}$ 为投资回收系数，Cv 为同类线路的年运营成本。

铁路路网收费服务的政府规制价格（P1）改进为：

$$P_1 + P_0\left[1+\left(CPI - X_1\right)\right] + T_1$$

其中的 CPI、X_1、T_1 代表的意义和上式相同。

$P_0[1+(CPI-X_1)]$ 表示上限控制项。制定价格要全面考虑包括初始投资成本等各个因素。模型中对成本产生影响的因素中，综合性因素 CPI 能够对路网建设过程中所使用的材料成本以及工人工资等成本组成部分产生影响，那么通过 $C_v \times CPI$ 就能够应对这种影响和变化，$C_v \times CPI$ 代表成本增量。

国家想要提升路网建设以及运营效率，并对其建设和运营成本进行控制，国家通过设置成本降低率（即生产效率增长率），对生产效率的提升幅度进行计算，用 $Cv \times X_1$ 表示成本降低量：成本可以提升的前提是 $Cv \times CPI$ 大于 CvX_1，必须降低成本的条件就是 $Cv \times CPI$ 小于 CvX_1。模型公式 $A \times \frac{i}{1-(1+i)^{-n}} \times X_1$ 表示要扩大当前生产规模的成本回收增量公式为，成本回收降低量为 $A \times \frac{i}{1-(1+i)^{-n}} \times CPI$ 通过将成本回收增量同成本回收降低量对比能够确定是否应该增加成本回收。

基于上述几点，改进的模型优点为：第一，通过对路网实际建设成本以及企业运行成本和投资等方面的综合分析来制定基础价格，如果企业能够在保证建设质量和服务质量的前提下将成本控制在较低水平，那么企业就能够获利，并提升其在行业中的竞争力；第二，参照社会经济的平均利润率来确定企业的利润，能够避免垄断企业牟取暴利，同时还能够让资源得到有效利用，并不断督促企业扩大投资、提升服务质量，满足市场需要；第三，路网服务要实现盈利，就必须使实际生产效率增长率高于政府规定的 X_1，因此企业要在确定价格下获得更多的利润，则需要不断提升其生产效率，并通过成本控制等方式实现利润的增加；第四，在路网收费模型当中加入平均利润，如此可在收取基金方面更加规范合理，铁路建设基金加价可以取消。

模型运用过程中国家应该将初始投资以及改造投资纳入政府监管范围中，这样能够让价格制定更为透明化，避免谋取私利。固定资产的折旧年限应根据实证经验合理确定。

（二）铁路客货运业务领域要放开价格

铁路客运和货运业务应该推向市场，形成自由竞争，提升自身竞争力，所以需要通过分阶段改革逐步将价格制定权利下放到中国铁路总公司及地方铁路，国家和政府在价格制定过程中起到引导和规范的作用即可。在当前条件下，国家可以制定上限价格，企业根据上限价格制定出合适的服务价格。鉴于当前铁路运营过程中票价等价格低于正常标准，所以企业可以根据其实际运营情况，在保证获利的前提下制定价格。通常客货运输服务最高价格计算公式为：

当年最高限价 =[基础价格 ×（1+ 允许涨价率）+ 利润]× 各运输方式的综合运价系数 + 税金

即

$$P_2\left\{C_2\left[1+\left(CPI-X_2\right)\right]+V_2C_2\left[1+\left(CPI-X_2\right)\right]\right\}t+T_2$$

上式中，P_2表示当年最高限价，运营正常年度平均单位成本用C_2表示，X_2为政府规定的营运业务生产效率增长率，政府核准的营运业务成本利润率使用V_2表示，T_2为该业务上缴的税金，CPI为消费者物价指数，t为各运输工具的综合运价系数。公式中的六个变量的确定同路网定价模型类似，其中综合运价系数的确定是最为复杂的，需要通过对比不同运输工具的成本和价格，然后根据价格对应的服务质量来对铁路运价水平进行确定：如果铁路运价水平同其他运输方式的价格水平类似，那么就应该从运营成本角度进行考虑；铁路运营成本同其他交通运输成本类似，但是服务质量不同时，就应该从成本和服务质量这两个角度来确定系数；当铁路运营成本同其他运输工具类似，但是服务质量的差异性较为明显，那么就应该从服务质量的差异性角度进行考虑。

上式中，利用“试错”的方式能够确定t值，当铁路运输方式作为唯一运输方式时，则t的值就为1，考虑到铁路运营定价标准较低，因此t可选择稍大于1的值，然后根据实际情况对t值进行调整。

市场竞争中的价格往往是最有说服力的，所以在制定价格以及价格改革过程中应该引入市场机制，让不同企业之间形成竞争。与此同时，还应该鼓励社会资源进入到行业中，建立竞争氛围，利用不同的竞争机制加强企业的竞争，从而促进企业不断控制成本，提升服务质量和运营效率，迫使企业主动去寻找利润增长点。

（三）铁路辅业领域强化市场定价

铁路辅助业务可以具体划分为两大类：第一，铁路运输设备维护服务；第二，铁路运输支持服务。铁路运输设备维护服务长期以来一直没有独立出来，没有定价资格，要通过市场化改革促动其独立运营。铁路设备质量与铁路运输安全息息相关，其技术要求与资料要求都非常严格，因此能够满足条件的企业非常少，为了防止相关企业进入行业后哄抬价格，降低维修标准与质量，所以进行价格规制时必须注重维护质量与服务标准，设定价格也要以比为基准。

我国对铁路运输设备维修企业的准入要求标准非常高，因此符合条件的企业相当少，形成有效横向竞争更加不太可能。因此，国家可以通过出让特许经营权导入激励性规制手段，标底价由政府确定，确保制定的价格使得企业拥有合理的利润。政府也需要对获得特许经营权企业的日常业务进行监督，一旦发现这些企业存在相关违规违法活动，将按规定取消其特许经营权。在投标阶段，政府企业也必须采取有效措施，防止企业合谋破坏公平竞争。

铁路运输支持服务主要包括客运车站站点服务、货物仓储、货运代理及装卸载服务等。这些支持性服务项目由于早已向外开放，使之与铁路运输相互独立，目前存在着激烈的市场竞争，而且市场倒逼这些服务趋于完善。总的来说，由于这些服务领域技术要求不高，所以无须国家政府出面对其价格进行规制。政府可以在这方面鼓励市场竞争，充分发挥市场作用，进而在市场环境下形成合理的价格，同时加强相应的监督管理，防止恶性竞争和破坏市场秩序的行为。

二、建立不同业务性质企业价格的协调机制

从客观上来讲，如果铁路系统采取分类定价的方式，就必须在不同业务性质企业之间构建合理定价的协调机制。铁路运输业务从路网初端到销售终端，如果价格采取层层累加的方式进行处理，将会削减铁路运输价格在综合运输市场上的竞争力，任何企业都必须摆脱这种低效率的定价方式。因此，铁路产业在细分业务、重组结构之后，还应根据业务项目在运输整体中的作用不同，对价值链进行重新设计。只要铁路运输行业能够建立其适度竞争性的体系，就可以将定价权交给消费者，在消费者给出的最终售价基础上，倒扣确定每个环节的价格。重组市场结构后，不同的市场力量的企业间事实上不会自觉达成协调价格，因此必须构建可以在整个行业内通用的外部价格协调机制，实现各业务内容对最终售价利润的合理分配。目前，我国采取的价格协调机制是由政府政策主导、市场协调为辅，从长远发展考虑，行业内部

必须构建起由市场主导的价格协调机制，适度运用政府价格规制。

价格协调政策的设计主要是解决两个问题：第一，防止进入竞争性市场的无效率行为；第二，避免垄断厂商转嫁成本。从第一个角度来说，大部分的路网使用费用往往已经在行业形成初期由较早进入该业务领域的企业支付，当新企业进入竞争型业务领域后，有可能出现对路网的“搭便车”的现象，导致新企业免于承担大额路网费用，形成无效入市的情况。从第二个角度来说，行业内部的所有固定资产都来源于原有的垄断型企业，这些企业往往可以利用自身对市场的掌控力，设置大量加成方式来转嫁成本，使得企业之间的良性竞争局面被打破，形成恶意设障的情况。为了解决这两个问题，首先，需要通过价格协调政策来重新分割行业内所有企业对固定路网的使用费用，杜绝新企业的搭便车问题；其次，还需要制定价格收费管制制度，以免垄断性企业操控接入价格的情况发生。

三、完善铁路产业的价格听证规制

《中华人民共和国价格法》规定公用企业定价通过价格听证制度来决定，作为一项正式的定价程序，价格听证制度要求生产厂商、消费者、规制者共同对公用企业的产品价格进行商讨。但从消费者角度来看，无法完全了解铁路等公共产品的真实成本构成和定价规则。从规制者角度来讲，尽管价格听证制度在价格制定工作上体现出了较强的科学性、公正性以及公开性，但从实际内容及其权力角度来说，听证会简略的流程和最终决定权的缺失都严重影响了该制度本身的效果。要想确保铁路产业价格的决定权真正发挥有效作用，就应该由《价格法》提出明确的文字规定，要求企业通过公众来讨论审议成本核算工作，组织财务部门人员、消费者、行业协会人员、人民代表、专家等各界人士参与价格听证，同时构建恰当的代表推选和审查制度，切实提升听证会结果的有效性。

四、实例研究——我国铁路客运票价改革的几点具体建议

从国内外成功定价经验来看，我国客运票价格的改革必须从票价体系与

定价机制两个角度出发，以发挥吸引或分散客流的作用。铁路作为公路客运与民航的替代运输方式，目前的定价方式，显然不利于铁路参与客运市场竞争。从波特竞争理论来看，分析潜在进入者、内部竞争者、替代品竞争、供应商讨价还价力量、买方讨价还价力量，我国铁路客运行业不仅要面临行业内部不同铁路线之间的竞争压力，还要考虑到民航客运和公路客运这两个替代行业的竞争压力；从公共物品理论角度来看，铁路客运尤其是高速铁路同时兼具了公共物品和商品的特征，属于准公共物品。目前，国内的铁路运价形成机制需要实施既不完全僵化、又具有一定灵活性的政府指导价，采取价格上限规制的动态价格浮动模式。

（一）普通铁路客票机制的改革

1. 基本票价率由国家统一定价变自主定价

2016 年 2 月，正在市场化转型的中国铁路总公司终于拿到了“高铁定价权”。国家发改委宣布，高铁动车由中国铁路总公司根据市场竞争状况和客流分布等因素自行定价。目前，这一举措已经取得明显效果，所以应该加快中国铁路总公司全面自主定价的步伐。国家统一制定基本票价率的缺陷包括：在社会主义市场经济体制及行业竞争局势下，铁路客户的价格机制显得有些不合时宜。从理论角度进行分析，现今铁路客运价格在制定过程中仅仅考虑全路运输的成本和社会必要劳动的成本，但铁路旅客运输的成本难以做到精确计算，导致客运票价不符合行业的实际成本与利润情况。不但如此，我国经济发展的区域差别、人民收入水平差异等都给铁路运输行业的客运成本带来了巨大影响，这也造成了铁路运输企业无法实现成本均衡分布的局面。铁路部门无权决定票价高低，无力调控客流情况，而且价格制定过程中难以凭实时的市场供需关系作为依据。这就要求我国的铁路部门考虑到市场需求与铁路沿线的经济发达程度及需求情况，在综合了需求弹性和运输成本等多方因素之后再决定最终票价，这一过程需要保证效率和准确性。

2. 以实际里程代替区段里程

在我国的长途旅客普通票价制定体系中，将区段作为定价依据，取每个区段的中间值来核收票价，忽视了长途旅客的实际运输里程，缺乏必要的合理性和公平性。此种措施在没有信息技术，以人工计算票价汇总旅客票价表时，方法较为简单。随着信息技术的不断更新，铁路客运售票应该参考旅客的实际运输里程，这样才能切实提高定价公平性。

3. 体现客运票价的优质优价

目前的票价并没有真正拉开不同级别列车之间的票价差距，普通快车和特快列车之间并不存在明显的价格差异。我国现行的附加票可分为三个类别：第一，特别加快票；第二，快速加快票；第三，普通加快票。然而为遵循速度提高但不增加价格的原则，目前第一和第二类仍采用的是统一售价。以2020年7月份的北京到呼和浩特的K41次（快速列车）、G2445次列车（高铁）为例，K41（9小时59分）比G2445（2小时32分）行程长出7.5小时，但K41软卧价格（243元）仅比G2445一等座（261元）低18元，但比二等座（174元）高出69元。对于大部分旅客来说，快速列车的旅程时间较长，不但影响休息，还可能增加花费，反而不如高铁划算。如果旅途较短，这样的情况将更加突出。另外，卧铺车位上中下铺间的价格差异也不大，没有用价格尺度为消费者提供选择权，下铺明显比上铺供给不足。因此中国铁路在制定票价的时候，应学习借鉴国际成功经验，对不同的列车进行级别与席别上的明确区分，采取优质优价方针，拉开价格差距，这样才能提高旅客在车次与席别选择上的合理性。

（二）高铁票价体系的建立和完善

1. 鼓励提前订票

以天为单位，按照预定时间长短来实施优惠政策。可以设置特价高铁票，从出发前90天起开放预售，截止到出发前3天，这样可以吸引到更多旅客。每个铁路局还可以在辖区内进行上座率调研，并根据实际情况向不同渠道的用户推出各类营销活动。不但如此，还可以在特定车次推出无记名车票，以便旅客临时改变行程时提前一天进行改签、退票或转让等操作。

2. 鼓励团体消费

如果有多人一起购票，还可以享受团购优惠。我国团体票规定，如果在同一天乘坐相同车次，且目的地和座别都完全一样的团队超过一定人数，就可以享受 1 人免票的优惠。在此基础上，只要再增加一定人数，就将再增加一个免票名额。由于高铁列车很少能够出现满足该要求的团体，因此可以在普通旅客列车上实施这一优惠政策，而高铁则可降低门槛，学习其他国家的优秀经验，推出 6 人团或 10 人团等多元化的团体票种。

3. 鼓励批量消费

推出乘车优惠卡，让一些经常乘车或消费额较大的乘客享受更多优惠。可以在每周客流较少的时间段推出无记名式的高铁通票，面对那些乘车需求较多但对时间没有太大要求的乘客发售，这种通票不能退票或改签，但支持转让操作。这种通票推出时必须限制使用的时间段，如果客户需要乘车，可以提前预约相应的时间段，只要在 3~10 天以内，都支持使用。该政策对半价或免票儿童同样适用，因此家庭或团体用户可以放心购买。

对于一些经常出差或在外求学的乘客，可以在管内旅客列车中推出周票、月票或者年票。年票用户在购票时刻享受折扣优惠，凭卡可以随时随地进行乘车，不受次数与时间的限制。这种方式非常有利于增加常用旅客的出行次数。

4. 高铁票价要考虑一定的社会公益性

我们的铁路部门对伤残军警、学生、儿童等群体推出了相应的优惠，但并没有考虑到残疾人士或老年人等群体。从社会福利角度考虑，也应该针对他们推出一定的优惠政策。同时，在某些特殊的时间段，由于客流量密集，乘客需求强烈，但有时候由于高铁票价过高，反而造成还有大量空座的现象，为了展现公益性，可适当降低高铁票价，既满足乘客需要，也可以提高高铁的上座率，这也是中国铁路以确保乘客出行为首要目标的体现。

第三节　进入规制改革

我国铁路产业垄断性表现在两个方面：第一，国家将垄断运营铁路产业的权利授予给政府部门；第二，国有企业独资运营，一家独大。若进入规制严格，则对铁路发展不利，阻碍业绩提高，放松规制则会打破以上两种情形。所以，在改革进入规制的过程中，可分两步展开：第一步是分拆，客货运单独分拆，组建多家独立运营的公司，基于国有资本独资的情况，内部引进竞争。第二步是招标，对特许运营权体制进行优化和改革，允许在合适的时间内引入条件相符的外资以及民营资本。放松进入规制能借助产权调整，促使市场结构更加合理，促使企业进一步提高绩效；放松进入规制也能引进其他资本形式，促使融资渠道进一步拓宽，有效解决供给不足问题。

一、完善产权安排，优化市场结构

根据科斯产权理论，解决中国铁路效率问题的前提是完善产权结构。否则在主体产权不清晰的情况下，不但无法放松规制导入竞争，还会产生利益俘获。

现如今，铁路运营也存在国有企业普遍存在的问题：忽视发展效率、管理技术较为落后、服务水平不高、人浮于事等。要改变此情况，首先要建立健全相关制度，导入自负盈亏、自担风险的现代企业制度。若企业具体的收入和所得利润无关，则在生产过程中，不会有动力去降低成本，即便消费者具有选择权，同样难以提高铁路效率。所以铁路规制体制改革需要对铁路产业的产权方式进行重新选择，但铁路产权结构重组绝不是简单的民营化，必须立足于经济发展的具体情况重新确定中国铁路的产权模式。

进入规制的放松，对于扭转我国铁路产业集中垄断的格局并利用产权交易来调整市场结构十分有利，能够有效提升铁路产业的经营业绩。中国铁路因为不同组成部分面对的市场环境存在差异，因此对于产权的安排方面也各不相同。国家在铁路路网等基础设备上都是实施集中化决策模式来加以控制，市场制度不完善。和基础设备相比较，上部运营的市场竞争制度更为合理。这点能从铁路运输企业注重营销和实施提速方案上体现出来。不过，政府决定了铁路运输线路分配权，线路收益也受政府的影响。多种经营部分也是铁路产业务的重要组成部分，多种经营部分所处的经济环境基本属于完全市场，完全是按照市场经济规则运营，生产活动基本不受政府控制。在铁路行业里，不同种类业务面对不同的经济环境，其所面对的经济、技术等条件也有差异，而且政府因铁路各组成部分的功能和重要性的不同，规制的严格程度也不一样。所以，在铁路行业内部，其具体的产权安排必须和当下的经济环境相适应，一般从动态和静态两个角度对铁路产业的产权安排进行分析。

（一）产权安排的静态分析

通常情况，市场经济条件极为不规范不健全时，产权国有效率是最高的。对铁路行业来讲，在铁路路网等基础设备和关联业务的产权安排上，产权国有为主最有效率。对于经济环境而言，若环境非常合理规范，在市场上竞争达到满负荷运转，则私有产权安排最为合理。当处于规范与不规范的中间度时，则最优选择为混合产权安排。对我国铁路行业而言，产权私有针对各种竞争性业务以及上部客货经营部分最有效率，国有参股控股以及完全国有的产权形式适用于路网基础设备。

（二）产权安排的动态分析

伴随市场机制的不断完善以及企业开始能够自主决策，企业产权从国有逐渐走向民营。在铁路行业，产权结构应加快实施混合所有制改造。现阶段中国铁路客货运输应实施国有参股的公司制，下一阶段应尽快将大部分运营权推向民间资本。由于规制系统的优化以及市场经济的快速发展，国家也需要转变国企对铁路路网掌握绝对控制权的局面，这符合铁路发展更长远的利益。

在此要强调一点，民营资本进入铁路产业的相关业务后，出于逐利的天性，可能造成垄断局面，可能为消费者提供低质量、高价格的服务或产品。

有的民营企业为了维护自身的垄断地位，可能还会采取非法行为（如官商一体、钱权交易等），这些负外部效应，将严重阻碍我国经济健康发展。所以，建立健全规制机构就是为了避免出现以上不良状况。

二、降低进入壁垒，拓宽融资渠道

（一）降低进入壁垒

为了推动新企业的进入，同时确保市场竞争的规范性，政府应出台放松进入规制政策。

1. 制造条件，保证新企业能够顺利进入

当准入门槛降低后，当前企业建立的网络应当开放给新企业，其开放不能违反公正公开的准则。第一，网络开放的问题。在垄断产业中，基础网络必不可少，然而新企业很难迅速构建完善的网络。为了能够加快市场发展、推动企业竞争，必须建立新企业对接现有企业网络的制度，这主要涉及矛盾处理、互联互通等规则的制定，另外还需明确对新企业进入已有设施有所帮助的规则。第二，有关企业运营所需的重要性资源的分配。在划分稀缺资源时，应避免企业滥用特权。所以在对资源进行分配时，必须严格遵守公正公开的原则，借助相关的竞争制度，使分配效率匹配经营效率。第三，为了保证新企业也能够平等使用公共设施，规制机构就需要制定进入的公开性规则，同时保证规制得以公平实施。

2. 确保新企业与现有企业间展开公平竞争

针对新进入企业和原有企业，应在放松规制后明确竞争条件。第一，要制定阻止垄断性业务向竞争性业务内部交叉补贴的制度。第二，基础路网经营企业在经营过程中应保持中立，基础路网核算由第三方独立审核，要求其经营成本与其他经营业务分开，网络接入费用也必须建立公平的成本分摊制度，由此确保新老企业网络接入的公平性。

在此要指出的是，放松规制并不是每个垄断性产业和生产环节都需要，作为公共事业或基础设施的垄断产业通常具有很强的外部性和公益性，尤其是铁路网络基础设施，其提供者很大程度上只能是政府，在这方面不能完全放松规制。

（二）积极推进诸多经济成分的发展

铁路路网属于准公共物品，外部性也是它的一大特点。根据其受益范围的区别以及公共性的高低，我们将铁路路网分成三种类型，分别是基础型、公益型以及竞争型。在铁路规制改革期间应实施有针对性的投资方案。青藏铁路就是公益型铁路中的代表，它能对全局产生影响，其建设的目的是缩小地区经济差距，在国家统一、领土完整和军事安全方面具有增强和巩固的特殊价值，不具有营利性质，也无法吸引其他资本的进入，因此都是中央出资建设这些铁路。除了公益型铁路线，基础型和竞争型路网都是可以也能引入外商以及民间投资。对于地方性的基础型铁路，应以地方政府投资为主，中央财政提供部分补助，拿出一定的比例吸引民间资本，具体投资比例根据铁路的重要性来确定。竞争型铁路具有明显的盈利性，所以应引导政府之外的其他投资主体来出资修建，政府提供政策上的优惠，其中最有代表性的就是京沪高速铁路。

从路网规模来看，中国铁路仍然具有非常大的发展空间，铁路路网建设需要巨额资金投入。为支持多种经济成分导入铁路建设，交通运输部门应鼓励“共享利益、同担风险”的投资利润划分准则，出台各项优惠政策，构建对集资建设发展有所帮助的管理制度，鼓励各种经济形式参与合作，帮助地方铁路更好更快的发展。鼓励推行合资铁路股份制，支持地方通过各项优惠政策，如土地划拨、资金以及劳动力投入等方式参与到铁路建设中。在合资铁路实施过程中，国家交通运输部门也应一同参与，保障施工具备较高的质量。

资本市场是多种经济成分进入铁路产业的有效方式。除了国家必须控股的投资部分，其他资金可以通过资本市场获得。资本具有天然的逐利特质，资本市场必须让投资者有利可图，铁路预期投资收益可观，理性经济人就会对铁路加大投资，如果没有预期收益，资本就会转向其他项目。不应强制要求民营资本与社会资本承担公益职责，可以考虑给予铁路建设投资方允许开发沿途相关产业的一些激励。

建立现代企业制度是多种经济成分进入铁路产业的前提。现代企业制度要求铁路企业产权明确、权责分明，自主经营、自负盈亏，在此条件下，铁路企业才能成为真正意义上的法人。中国铁路总公司要主动分拆上市，通过资本市场完成企业的股份制改造，使铁路投资主体多元化，合理的股权结构也会促进铁路企业形成并完善现代企业制度，促进企业规范运营并提高效率。

政府对资金利用能力是多种经济成分进入的保障。中国铁路主干线经过几十年的积累，形成了相当数量的存量资产，在短期内很难实现非国有资金控股，这一方面是对政府部门尤其是中国铁路总公司对这部分资产的管理和利用能力的考验，另一方面也是影响投资者信心的重要因素。政府作为一股独大的股东，有责任也有必要保障投资者的权益。目前，如能将闲置的存量资产盘活，既可以提高中国铁路总公司总体经营能力，又可以借此增强企业的融资能力，同时还要科学统筹规划使用新筹集的资金，避免重复无效投资，造成中国铁路后劲乏力。

(三)制定相关金融扶持政策

积极推进金融体制改革进程的同时，不能忽视政府政策性银行支持铁路项目建设的作用，要优先提供资金同时制定有针对性的优惠政策。要拓展铁路建设集资的渠道，如财政转移支付等。要提高铁路运输建设的投资比例，出台政策鼓励社会上各种资金参与铁路建设融资。

进入规制改革中，还要注意完善相关法律和政策，建立公平有效的进入规则，防范规制机构权力被滥用，保证企业顺利进入。多种经济成分进入后，为了保证铁路规制改革的效果，必须加强对铁路运输质量的规制。

三、破解中国铁路总公司巨额债务难题

《中国国家铁路集团有限公司2020年一季度审计报告》显示，截至2020年3月31日，中国铁路总公司债务突破5.5万亿，这对于刚刚成立不久的中国国家铁路集团有限公司来说，是急需解决的重要问题，铁路投融资方式应

从间接融资模式向直接融资模式进行转变，实现融资途径的多样化，扭转过于依赖银行以及政府的局面。

（一）优化股权结构，改进运营体系

铁路产业有着规模经济和范围经济的明显特征。基于此特点，铁路产业对基础设施要求非常高，一定要形成点、线、网的系统效应，所以建设投资的融资规模非常大。通过几十年来的发展建设，铁路已累积了大量的存量资产和增量资本。现阶段，受国际环境以及自身原因影响，民间投资发展也是举步维艰，并没有强大的资金实力对铁路企业进行投资。实际上，投资高铁领域的股东基本也都是中央和地方的国企或国有控股企业，很少涉及其他社会资本，更不用说外资和民营资本了。地方政府利用政策和土地对铁路建设进行的投资，资本在进入铁路后的作用并没有显现出来，而是被大量的增量以及存量资本所掩盖。铁路公司股权结构激励性不足，国有控股方股份不断增加，控股方股权过于集中，社会参股股东所持比例太小，股东间各种事项的决策权很难产生制衡，这些都严重削弱了民间资本进入铁路的热情与主动性。所以，应该对铁路运营管理制度进行优化和完善，根据《中华人民共和国公司法》对铁路运输进行资产重组，实现股权结构多样性和公司管理结构的正规性，实现多个铁路企业共同经营管理、共同承担风险的运营主体。如果能有多家主体公司一起出资建设我国中长期铁路路网，那么一方面能降低风险，使融资途径有效拓宽，另一方面能够实现资金杠杆撬动作用，满足投融资的需求。

（二）完善法律法规，调整规制机制

1. 法律保障

完善《中华人民共和国铁路法》，铁路行业各类运输企业都能够享受同等的路网通路权与使用权，经营收益也平等对待。政府要统一清理那些只适应国铁而不适应合资铁路、地方铁路的全行业性政策法规，并加以规范，维护所有投资者的权益。国家铁路局和国家铁路集团有限公司内部制度也建议

相应进行修改。

2. 价格机制

价格机制是市场主体正常活动的必要条件，政府强制管理产品价格，将导致运输企业难以看到回报失去投资信心。虽然铁路产品存在公益性，铁路运营系统也非常复杂，但仅仅将高铁定价权给予中国铁路总公司是不够的，要全面赋予中国铁路总公司自主定价权。促使企业有机会利用产品价格来弥补运营成本，获得合理的运营利润。将价格机制引入铁路行业，也能够鼓励民间资本投资铁路行业。

3. 财税政策

尽快解决铁路发展遗留问题，全面分析中国铁路总公司对债务的承受能力，在确保维持发展规模的前提下，逐步化解摆脱巨额债务，创造有利于铁路行业稳定健康发展的社会环境。区别对待铁路行业的公益性领域和商业性领域，对由政府承担的公益性领域，应实行税收减免、财政补贴、低息或贴息贷款、增加项目资本金比例等政策，从而降低融资成本。对于一般性的铁路建设用地应采取低价征用的办法，对于边远地区的铁路建设，从促进经济发展角度出发，部分土地可以进行无偿使用，土地使用资金由国家财政承担。要处理好政府和市场之间的管理界线，积极导入民间投资。要主动开发相关铁路项目贷款，对配套铁路建设贷款予以财税政策支持。

（三）建立融资平台，多方吸引投资

1. 发行公司债或可转换债券

公司债券属于普通债券，而可转换债券是企业发行的、投资者可以选择在约定的时间内以约定的价格将其转换成股票的一种债券，具有股票期权和债券的双重特点，是混合的资本工具。可转换债券收益固定，是把当前的稳定收益与未来可能具有的高收益结合起来，对于投资者来说更具安全性，适合投资。我国相关法律规定，国内的重点国企与上市公司能够发行可转换债券，尤其是铁路行业的合资企业（如广东三茂公司）就具有发行权，并且拥有较为成熟的运作经验，在证监会容易得到批准。这种资本运作方法能够为铁路行业许多目前暂不能股改上市的公司提供极大便利，在相应条件具备的情况下就能够顺理成章成为上市股份公司。此外，对铁路企业资产负债管理也能够提供很大帮助，当企业壮大规模非常需要资金时，通过发行可转换债券，可吸引大量社会资金，降低融资成本和负债率，这种融资工具比银行贷款要更加便捷。

2. 实行定向融资

主要方法包括银团贷款、国外政府贷款、设备租赁等。铁路建设融资规模非常大，如果只是通过普通银行贷款，无法满足融资的具体需求，为此可以通过联合多家银行，即银团贷款方式实现融资，这不仅满足了大额贷款需求，还能分散投资风险、拓展国际合作，而且我国属于发展中国家，与国外政府、国际组织、国外银团合作具备享受优惠贷款的条件。与此同时，为解决车辆等诸多运营设备的融资问题，可选择与机车工厂进行合作，通过融资租赁和经营租赁等方式拓宽融资渠道。

3. 以存量资产激活增量资产

目前我国铁路上市公司数量少，股票发行规模也不够大，与铁路行业整体资产规模和融资水平不匹配，利用股改上市这一措施可以进一步提升铁路运输企业发展潜力和空间。我国铁路企业的资金来源结构从总体上看仍然以间接融资为主，资金远不能满足需要，应大力提高企业直接融资比例。一种办法是普通铁路实行横向分割重组上市，即选择部分优质区域公司，将长期积累形成的经营性存量资产进行部分重组上市。另一种办法是纵向分割重组上市，形成普通铁路、高速铁路和城际轨道、合资铁路分类重组的格局，选择一批优良资产股改上市，从而实现以存量激活增量的目的。

4. 通过产权交易、增资扩股拓展融资规模

一方面，进行产权交易转让或出售一些城际、支线等铁路的经营权与所有权，外资、民营资本、社会团体等也可以参与到铁路行业建设中。另一方面，铁路行业的上市公司也能够利用增资扩股提高融资规模。

以创造了“广深模式”的广深铁路为例。1983 年 12 月，广深铁路从原广州铁路局分拆出来，成立了广深铁路公司，1984 年 1 月 1 日开始营运后，国

家不给分文但下放了运输经营权、调度指挥权、对外业务洽谈权、外汇留成使用权等权利，公司实行“自主经营，自负盈亏，自我改造，自我发展”的新模式。广深铁路公司规制体制的改革，提高了铁路工程施工效率，不足三年广深铁路就完成了复线建设。1996年，广深铁路公司H股发行上市，2006年A股上市，目前是中国唯一一家在上海、香港和纽约三地上市的铁路运输企业。广深铁路已发展成为中国现代化程度最高的铁路之一，是国内第一条全程封闭、四线并行的铁路，也是第一条实现客货分线运行的铁路。2005年，广深铁路公司成功在上交所发行了A股27.48亿股，筹集103亿元，以合并的形式收购羊城铁路公司拥有的广州至坪石之间的铁路产业务及有关运营资产和负债，广深铁路通过分离主业和副业，对华南铁路的资本进行了有效整合，使企业规模不断壮大，提高了竞争力，取得显著成绩，融资也更加便捷。

第四节 实行网运分离，重构规制主体

通过网运分离，能够有效将政府职能与企业职能分离，可以将竞争机制引入铁路行业，打破行业垂直垄断经营的局面。在这种模式下，政府应当首先转变自身职能，不但要重视铁路利益，更要把保护消费者权益放在首要位置。通过网运分离，能够吸引大量的社会资金，形成多家货运和客运公司共同竞争的市场格局，让消费者可以选择更适合自己的铁路公司，企业在改善服务水平和硬件条件的同时，也自然会促进整个行业提高效率。

一、网运分离模式的原则

根据目前国情，中国铁路网运分离改革应实施政府主导、充分竞争的运营与管理体制，总体重组方案设计应符合以下三条基本原则。

（一）政企分开、政资分开、政府主导的原则

若要将政府职能与企业职能分开，那么首先就必须将政府与资本有效分

开。政企分开必须明确政府职能和企业职能的关系，拆分政府的经济管理职能和国有资产所有者职能，拆分国有资产的经营职能与监管职能。在这个模式下，政府主要发挥以下作用：

第一，政府制定有力方针政策，建立相关法律法规，为铁路实施重组提供保障。现阶段，最主要的任务是修改完善《铁路法》，尽快研究制定《铁路重组法》。依据相关法律，理顺铁路运输业与国家的基本经济关系，以契约形式保障铁路的公益义务，并给予铁路一定的补偿和补贴。

第二，政府利用财政和货币等有效措施，对市场失灵现象进行一定的弥补。铁路自身具备公共物品属性，涉及政治、军事、国土等重要国家利益的铁路亏损线路，国家财政需要给予支持，以补充市场不足。

第三，政府对资产进行间接管理时，一定要严守边界规范管理。铁路资产数额非常庞大，在实施重组方案时，一定要保障国有资产能够保值增值。网运分离后将组建多家国有专业公司，如果这些企业不遵循现代企业管理制度，就可能会产生侵蚀国有资产的情况。如果这些企业在政府间接管理下严格规范运营，不但可以实现保值还有机会实现增值。

第四，政府要制定并贯彻长远的铁路产业政策。通过产业技术政策、结构政策等，把短期目标和长期目标有效结合，引导企业既立足于当前需要，又不能忽略长远收益。中国铁路总公司和国家铁路局需要在高铁方面加大规制力度，做好长远规划的工作。

第五，政府应构建铁路市场整体运转必备的支持保障系统。实施铁路运价、财务体制以及社会保障制度等方面的改革，倡导合理公平的市场竞争意识。

（二）实现充分而公平的竞争性市场原则

在铁路运输业发展过程中，竞争主要表现在内部和外部，内部竞争是不同企业之间产生的竞争，外部竞争是不同行业之间产生的竞争。内部竞争愈加激烈，则该行业具有的竞争力就会得到增强，如此可以提高在与外部竞争过程中的竞争力。外部竞争愈加激烈，可以促使形成内部竞争，两种竞争缺一不可。铁路重组方案的制定，从内部竞争方面进行分析，应该考虑促成铁路资产经营机构之间竞争、上部运输公司之间竞争。重组方案的制定，为了提高资产的经营收益，必须盘活存量用好增量。一方面，随着市场化进程加快，各专业公司内部将根据竞争结果对资产不断重组，以适应竞争需要；另一方面，各专业公司之间会采取互相参股以及兼并合并等方式增加效益，这必将会促进铁路企业规模更加合理化。

（三）“帕累托改进”的原则

在制定重组方案时，需要重点关注不同改革对象的长期收益和短期利益。铁路体制改革必须以渐进式的方式进行，如此才可以使改革成本降到最低，把改革风险有效分解，保证铁路行业平稳发展，即遵循“帕累托改进”原则。

二、网运分离模式的目标

首先，真正解决铁路规制客体缺位问题，重新确立真正的法人实体和竞争主体。实施“网运分离”后将组建多个独立的客运和货运运输公司，给予经营自主权，直接面向市场，不依附于路网公司，与之展开正常业务交易。同时，对非盈利性的公益性运输，政府用购买服务或用财政补贴的方式给予支持。

其次，真正解决铁路规制主体缺位问题，转变规制机构的政府职能。铁路规制机构职能将主要转向宏观管理和行业管理。在“网运分离”之后，国家要出台相关措施，放开一定的权限大力发展货运与客运公司，根据市场经济提出的要求，进行公平竞争，自主经营。伴随铁路企业在市场竞争主体地位的进一步确定，政府将把铁路承担的公益性部分交由路网公司，客货运公司负责铁路企业的日常生产经营活动。

最后，创建合理完善的组织架构。在确保国家能够对铁路进行必要的宏观调控的基础上，更好地建立起市场竞争机制。通过路网公司来对运输能力进行分配，履行运输调度权的职责，如此可以在众多运输公司之间展开竞争过程中，确保整个线路可以正常有序的运行，并且具备较高的效率。对于企业本身而言，可以实现自主经营，并且能够进行统一集中的指挥，使得路网整体效率得以有效发挥。

在“网运分离”之后，建立具有自主经营权的客货营运公司，独立于路网之外，改变了以往的组织结构模式。新组织结构的建立，将促使竞争更加合理有效。运输企业在财务和经营方面具备一定的独立性，企业在竞争过程中，可以根据具体情况，实时调整政策方针，以便更好地服务消费者。路网公司可以导入特许投标经营，引入竞争并通过政府规制有效规范企业行为。

三、网运分离模式的选择

根据交易成本最低的原则选择网运分离模式，实现社会福利和企业绩效的均衡。铁路运输公司在网运分离后，因交易方式的不同以及交易安排的差异，交易成本也会产生变化。通过对交易方式的分析来衡量交易成本，对不同的重组方式进行分析和研究。

（一）横向切割的改革模式

如果选择横向切割的改革模式，建立区域性的铁路公司，那么这些铁路公司之间必然会产生多种交易成本。交易产生的主要原因就是铁路运输并不局限于某个区域，通常都是跨区域运输，因此不同区域之间的衔接就会出现交易。

在改革之前，列车的发出和调用主要是通过各分局之间的调度命令完成，重组后取而代之的是市场交易。清算价格和分配给各铁路局的运输收入，由各区域铁路公司协商确定，分管每个区域的铁路公司需要共同协商确定清算价格以及分配方式，这会产生科斯“发现价格的成本”[①]。通常清算和分配方式为：如果是货物托运，那么其费用需要在发货地缴纳，旅客乘坐火车亦是如此，但是最终乘客和货物抵达目的地之后的剩余工作则需要目的地铁路公司处理，发送地同目的地铁路公司之间需要有明确的清算标准，通常根据价格的成本进行计算。如果根据货物装卸工作量以及乘客乘坐里程进行清算，

① 罗纳德·哈里·科斯（Ronald H. Coase）. 企业的性质 [M]. 北京：商务印书馆，2010.

那么必然会对其中一方不公平。整个铁路行业运营并不是一个简单的过程，其不仅仅涉及组织运输问题，还有很多线路安排以及车次调配等各方面问题。在运输过程中也有可能遇到不同的问题，特别是线路的成本，平原和山区的铁路线路建设以及运营成本都不同，因此价格清算非常复杂。不仅如此，在空车调配过程中很有可能对某一方的利益造成影响，因此车次调配等工作的价格计算也非常复杂。从上述一系列的分析中不难发现，如果铁路公司实现区域重组，那么在未来的经营过程中必然会产生各种交易成本的问题。

假设按照横切的方式对中国铁路格局进行重组，形成几个较大的区域铁路公司，那么乘客和货物在运输过程中就有可能经过不同的区域，从运输流量分析中可以发现，通常相邻的两个区域铁路公司之间的存在的交易较多。这些区域铁路公司在开展业务时一般都是基于生产要素，这种业务方式能够让成本和利益计算更为简便，也便于区域铁路公司之间共同商讨定价等事宜。根据纳什均衡等博弈理论，相邻的两个区域铁路公司可以通过合理谈判，最终确定双方都较为满意的价格，基于自愿完成协议的签订。另外，若具有越多的区域铁路公司，越大的跨区流量，交易的复杂度就会越高，并且交易成本也会推升。

（二）纵向切割的改革模式

若通过纵向分割方式对中国铁路进行重组，分割为一个路网公司和多个货运或者客运公司，那么会在客货运输企业与路网公司间出现诸多交易，形成较高的交易成本。因为两者从事的专业活动有所区别，路网公司更具垄断势力优势，而且双方之间不确定彼此的成本结构，无法确定交易过程中应该达成何种价格，很难以自愿的形式通过谈判签订协议。若第三方不进行干预，单独由路网公司确定线路使用费率的大小，此种价格将容易使客货运公司处在亏损的状态。

因为路网公司具有较强的垄断优势，在“网运分离”之后要通过铁路规制部门进行规制，设计出合理的价格。然而，若通过某个专门规制机构来对线路使用费率进行确定，那么基本上会按照边际成本来进行定价，这样做的目的是刺激运营企业提高服务质量并增加产品数量。由于线路使用费率较低，会导致路网公司处在亏损状态，失去对路网升级维护的主动性和信心。

英国曾出现此种情况，1994 年英国成立路网公司，由政府进行统一管理，并于 1996 年正式上市，上市后政府将所有国有股权售出，自此路网公司成为一家公众公司。线路使用价格由路网公司和诸多运营企业协商，在规制当局给予批准之后才可以生效，并且每年按照价格指数变化情况进行相应的调整。政府对路网使用费用进行的价格规制是根据边际成本原则进行的，这使得线路使用价格过低，路网公司无法正常分享因客货运量提高所产生的收益，无法有效激励路网公司进行长期的投资。最终，英国路网公司没有充足的资金投入到安全运营设施里，导致经常发生铁路事故，公司经营每况愈下，最终在 2001 年破产，股票交易被停牌，政府被迫再次接手管理。此案例反映出路网公司和客户运输企业之间交易成本很高，此价格在英国对铁路重组的整个过程中都未被正确发现，因此导致该公司最终破产。此案例还说明并非双方自愿形成的价格，而是通过第三方所规定的价格，会使最终结果缺乏效率。

总而言之，中国铁路产业规制改革过程中，首先要彻底剥离部分辅业，使其与当前市场经济竞争体制完全适应。其次，重组客货运输部分和路网基础部分，因为两者垄断性存在一定差异，所以针对其业务要采取不同的应对措施。针对非公益性且较为繁忙的线路，应组建三家以内独立的路网公司，或组建多家“与路网公司平级交易而无隶属关系，与其他企业为充分竞争关系”的客货运营公司。可以按照服务特点分类组建客货运营公司，如按速度分为高速、特快及普快，这样不但可以保证每个客货运营公司都可提供完整的产品服务，还可以促进横向竞争，这就是以网运分离为主横向竞争为辅的模式。针对公益性较强的线路，可以组建一家单独区域性公司，仍然采用传统的网运合一的模式。通过纵向“网运分离”和横向引入竞争的方式，可以有效解决铁路改革过程中的诸多难题，符合当今时代发展需求，可以更好地保证铁路改革目标早日实现。根据当前中国具体情况，可以在全国设立三家左右的路网公司，担负起铁路应有的公共性职能。因此，“路网分离”模式应采用多对多模式，横向切割与纵向分离交叉混合使用，类如经纬线——本研究定义为“经纬线模式”。

四、网运分离模式的实施

第一，实施过程需要循序渐进。参照欧洲国家规制改革的成果，通过渐进改革的方式得到的成效十分明显，极大提升了铁路生产效率。相反，通过一揽子改革方式对现有铁路规制进行改革的国家，不仅没有提高铁路生产效率，也没有改变现有的铁路规制现状。结合我国的铁路现状来说，渐进的方式适合在我国推行。中国路网建设远没有发达国家先进，运输能力严重不足，市场和法律等配套体系也不完善，为了保证改革的顺利实现，短期内政府仍应对基础路网导入规制，尚不能完全展开充分竞争、特许经营等机制，政府规制应随着问题解决逐渐撤出。

第二，实施过程以实现“网运分离”重组为主，但并不代表全部线路都要采取这一模式。与国家政治军事等战略层面相关的线路不宜采取网运分离，公益性为主的线路以及因地制宜运转体系良好的一些支线铁路也不适宜采取网运分离。以青藏铁路为例，该线路对于民族融合和军事战略意义重大，可以组建为单独的青藏铁路公司，隶属于中国铁路总公司和交通运输部联合管理，实施网运合一模式。

第三，实施过程要注意降低交接成本。组建客运与货运公司要注意运输服务的完整性，应当尽量减少或避免不同运输公司之间的交接。客货运输公司之间的清算将增加交易成本，而且因彼此业务的衔接性会产生关联反应，即一方的效率将影响其他关联方的效率和竞争力，交接次数越多影响就会越明显。

第四，实施过程采用激励性规制。如区域竞争、最高限价等，特别要借鉴替代竞争和特许经营的方式。通过引入激励性规制，可以把航空和公路带来的替代竞争压力变成促动铁路企业提高效率、加强服务和降低成本的动力。通过引入激励性规制，可以把局域基础路网的特许经营权转到需要的补贴最少或上缴的利润最高的公司，可以把客货运营业务特许经营权作为促进内部竞争的最佳催化剂，从而提高铁路收入[①]。

五、网运分离模式需要解决的突出问题

中国和西方发达国家在基本国情上有很大差别，这体现在经济发展水平、产业结构、地理环境等很多方面。中国铁路在路网布局、社会福利承担、经营管理体制等方面也有着独一无二的特殊性和复杂性。中国铁路规制改革必须从实事求是的角度出发，解决以下较为突出的实际问题：

（一）中央政府的同意与支持

一直以来，中国铁路在国民经济发展中具有特殊重要的作用，其自身的特殊性与“网运分离”政策本身带来的强大冲击力都决定了铁路结构重组必须在我国中央政府的认可和扶持下展开。

“网运分离”的政策无疑让中央政府在铁路建设上的资金压力更为沉重。铁路行业与中央政府都渴望在接下来的发展过程中，我国财政可以给铁路基础设施的建设与维护提供更大的支持，在特殊运输领域设置更多的补贴政策。这不仅关系到“网运分离”行动的实施情况，更关系到政府和铁路产业之间将形成怎样的基本关系。

（二）相关法律体系的建立与保障

“网运分离”政策不但关乎铁路产业的浴火重生，更涉及了社会的经济发展前景问题，这项政策的实施需要经历复杂而艰难的过程，因此必须要有完善的法律体系作为依靠。很多欧洲国家实施“网运分离”时，都出台了大量的法律法规以供支持，因此我国也必须在“网运分离”的同时，通过法律法规来对铁路产业规制改革工作进行规范。

在制定法律法规之前，必须确保权责分明，理清法律体系的结构，明确各项条款的内容。由于涉及企业和政府之间的关系，所以必须对二者之间的

---

① 武剑红 . 论“特许权经营”和铁路改革的关系 [J]. 铁道经济研究，2000（2）.

边界进行划定，这是保障改革顺利实施和铁路行业有效运转的关键性问题。《铁路法》的一些条款未能与时俱进，呈现出时滞性，“网运分离”过程中，也需要对这部法律中的相关内容进行调整，将一些铁路改革中面临的亟须解决的问题都收纳进去。

（三）线路使用费的合理确定

“网运分离”之后，基础路网设施管理者将向运营公司收取线路使用费。由于这项费用涉及很多因素，所以定价工作困难重重。由于线路使用费中不单包含了成本补偿的因素，还与各方面的协调工作有关，结合我国目前的成本核算技术体系，该问题必将成为我国铁路定价体系中一个长期性的难题。

（四）建立开放机制并为有效竞争保驾护航

网运分离后，我国的铁路运输市场将迎来全面开放，市场的准入和准出标准都显著降低，这有助于行业内部形成竞争环境。铁路运输市场开放之后，必须要尽快实施通路权的开放。受国情影响，我国铁路与西方发达国家的铁路之间存在着巨大的差异，主要表现为供给能力不足，需求大于供给。由于铁路建设能力的缺失，我国铁路行业的运输能力很难满足大量新增运营者的需求，尽管可以借助一些经济手段来拉动某些线路的通路权，但是大部分竞争者毕竟能力有限，所以无法从根本上解决某些基础路网能力不足的地区所面临的问题。因此，对我国铁路行业来说，如何解决能力紧张区段的线路分配问题，以及如何对当前能力紧张局面进行改革，都成了亟须解决的难题。

（五）区分公益项目，确定政府补贴

我国铁路运输生产活动包含了很多公益性成分，为我国国防事业和社会需要做出了巨大贡献。政府应该对这些运输活动给予特殊支持和资金补贴，现在摆在面前的问题是：怎样才能从大量的运输业务中区分出这些特殊的运输任务，又应该对这些运输任务施以多大的支持力度与补贴数额。

（六）安全与信息相对称问题

“网运分离”开始实施之后，越来越多的经营者进入了铁路运输市场，大大增加了行业的协调管理成本，更给铁路运输的安全规制带来了巨大的考验。

同时，大量的经营者涌入市场后，将会增加行业的竞争方式，给行业的信息传播方式和准确性提出新的要求。消费者必须能够实时获取经营者所制定的价格、服务以及运输时间等信息。行业内部的信息管理和信息统一的问题也必须给予高度关注。

（七）防止轮回现象和专业化规模过小

重点避免两个方面的趋势：首先是“网运分离”的同时，要避免经过专业化改造而出现的新公司走以前的老路，踏上粗放经营与重复建设的一体化扩张道路。例如，在剥离了铁路运输企业的各项社会职能之后，这些企业不应再找借口重新构建新的社会职能部门；当某个铁路地区或企业实施了“网运分离”，并构建了新的专业化公司（如路网公司）之后，就不得再开展旅游或房地产业务，否则就失去了改革的意义。其次是“网运分离”政策应保障企业的专业化规模化，确保路网和客货运专业化企业形成足够规模，达成铁路运输特有的规模经济性。

（八）改革成本最小化[①]

改革是一个系统工程，并且改革往往都要付出巨大成本，成功的改革要实现成本最小化。科斯在《企业的性质》和《社会成本问题》对于改革成本均有相关论述。我们要从时间成本、机会成本、沉没成本等角度出发，利用矩阵法、关系图和时间轴找到改革的最佳契机点。网运分离是大势所趋，但要有序稳步进行，协调好整体局部、共性个性、一般特殊的关系，既不要守株待兔、刻舟求剑，也不能邯郸学步、拔苗助长，要实现改革效益的最大经济化。

---

① 1995 年 Dewatripont 和 Roland 针对激进式和渐进式的改革结果给出了他们的观点，他们认为，渐进式改革更为有效，能够较好地降低改革成本。

第五节　建立完善的规制规则，加强规制机构的执法力度

市场经济是法治经济，现代经济体系中存在大量多元化的利益主体，使得市场经济主体的权责利归属必须借助法律来予以规范。市场经济体制中，必须遵循竞争规则开展活动，而竞争规则往往来源于法律法规。铁路行业内存在经济关系的经济主体之间，也应该通过签订契约的形式来达成共识，而法律正是确保契约能够顺利签署和履行的工具。政府对市场存在宏观调控的权力，而这种权力的行使也必须遵循法律法规。与一般竞争性产业不同，铁路行业具有鲜明的自然垄断性，其规制改革工作更离不开健全的法律法规政策。

一、与时俱进修订《中华人民共和国铁路法》

发达国家在开展铁路产业规制改革的同时，必然会推行相应的行业法规，如美国颁布的《斯塔格斯法》等都有效指导了铁路行业的政府规制体制改革工作。我国应在参考其他国家成功经验和失败案例的基础上，结合自身实际情况，持续修订已有的铁路法规，并在此基础上围绕经济规制问题，做出新的调整。新铁路法应该对铁路企业的法人主体与市场竞争主体、政府与铁路之间的关系进行进一步的明确，可以考虑从以下角度入手加入新的调整条款：降低行业准入门槛，吸引大量市场主体参与到行业运营当中，形成适当的竞争环境；在价格规制方面，不但要改善规制方法，还要缩减规制范围，重点关注路网运营价格规制问题；同时，为了对政府行政权力进行监管，还应对政府规制机构进行法律规制，以维护消费者权益。

二、研究制定中国铁路专项产业政策

在法律法规的明确规定下，铁路专项产业政策应对铁路的基础性、公益性以及市场化等特征进行界定，确定铁路建设投资来源等方面的政策。铁路建设的公益性项目统一交由国家与地方政府负责，且应设立专门的财政补贴

政策。国家要积极鼓励更多的民间资本和国际资本进入铁路建设领域，并通过法律手段维护他们的自身权益。为了加大我国铁路建设的外商投资比例，亟待颁布实施铁路建设项目利用外资管理方法，从而有效规范外商资金的投资方法、投资方向、管理要求和优惠策略。

三、进一步健全与铁路相关的反垄断法律制度

反垄断法可以从法律层面实现对行业竞争行为的监管，保护非自然垄断领域竞争的公平性，防止基础路网企业利用垄断优势滥用市场支配地位，从而保障消费者的选择权。我国反垄断法针对铁路行业规制应该包括以下内容：

（一）对弱（非）自然垄断领域的一般规制

随着“网运分离”重组方案的实施，反垄断法的豁免权已经不再适用于那些开展上部运营业务的铁路运输企业，他们必须遵循反垄断法的相关规定，积极投入到铁路运输行业的竞争当中去，遵循公平竞争原则，约束自身竞争行为。

铁路行业中，包括上部运输在内的很多业务自然垄断性特质已经逐步弱化，但因为进入门槛比较高，符合准入要求的企业仍然很少。这些已进入的企业为了防止其他企业进入市场引发竞争，往往会选择合谋的方式来形成事实上的垄断，甚至可能为谋求一家独大的垄断地位展开恶性的不正当竞争。在完善反垄断法时，要采取适当措施防范这一情况。

为了有效推动铁路行业发展，维护消费者权益，垄断法还应禁止处在竞争环境中的企业通过多种方式形成阻碍竞争行为的合谋；禁止采取掠夺性定价的方式破坏竞争环境；禁止企业通过集中控制的方式获取垄断利润或垄断地位；禁止企业借助在其他领域的垄断地位实施交叉互补。垄断法应该将铁路在非自然垄断领域中的运输业务看成是普通经济形式，要求其必须遵循公平竞争法规。

（二）对自然垄断领域的企业滥用垄断地位的规制

我国铁路产业拆分重组后，基础路网部分的垄断地位依然没有动摇，而凭

借垄断地位优势，路网经营可能存在强迫交易、抵制交易、交叉补贴以及搭售等大量隐患。然而行业法通常只能对行业行为做出大方向指导，不可能做出非常细致的规定，要想对这些行业内常见的问题进行合理约束，就必须从反垄断法入手，设立专门的铁路基础路网规制，以保障上部运营业务的顺利开展。

第一，限制路网企业的契约自由权。市场经济体系的企业受契约自由原则保护，对合同从签订到履行的所有环节享有自主权。但作为铁路运输企业必须赖以生存的命脉，基础路网对铁路运输企业尤为重要，网运分离后，作为掌握国内所有主干线的企业，路网企业可能会利用自身独特的优势，向铁路运输企业提出各类不合理的要求，并以拒绝交易为砝码强行交易，这就要求反垄断法针对该情况设立相应的制度来予以制约。

第二，限制强迫交易或搭售行为。相对于抵制交易或拒绝交易的行为，企业还有可能借助自身的市场支配地位，实施搭售或强迫交易的行为，强制消费者购买一些本不需要的服务与产品，或为了提高自身的竞争优势采用限制消费者的购买渠道和购买身份等非正当手段。从铁路行业来讲，具有垄断优势的路网企业，通常会通过各种方式授意上部运输企业购买自己的产品或服务。为维护市场的有效竞争，我国必须建立对应的法律体系，限制这种违规现象。

第三，限制交叉补贴行为。采用垂直一体化经营模式的企业为了在竞争中赢得胜利，往往会调高自然垄断业务的价格，然后尽量压低非自然垄断业务价格，迫使竞争对手退出市场。铁路行业实施的“网运分离”策略将会帮助铁路运输行业吸引到更多的投资者，而行业内部原有的一些企业，可能会为了继续保持垄断地位，通过与路网的交叉补贴，形成利益联合体，在公开竞价的网上运输业务招标中增加路网租用费，或压低关联企业的服务价格，从而迫使竞争者主动退出市场。反垄断法应该规定这些企业必须将自然垄断业务与非垄断业务区分开来并分别组建法人实体，严禁上部运营企业与路网企业串谋。

四、设立独立的立法、执法及规制监督机构

在立法方面来看，中国铁路的立法必须脱离所有的行业主管部门的干涉，由行业专门的立法组织全权负责。只有这样，所设立的法律法规才不会与任

何部门利益挂钩，行业的竞争环境与消费者权益才能得到有效保障。从执法监督方面来看，铁路行业的规制机构作为行业法的执行方，也要跟企业和政府保持独立，履行职能必须符合透明规范的原则。可以采用公开听证制度把建章立规、发布命令、进行处罚以及行政裁决的过程公开化、制度化和流程化。

针对反垄断法的执法机构，我国政府应该以法律形式对其权威性、独立性以及专业性进行明确，以提升执法机关执行力并巩固执法机关地位，避免执法机关的行动受到外界影响。

为了实现这一目标，还可以成立专门审查政府公权力使用情况和垄断经营情况的反垄断委员会，并赋予其审查铁路企业在横向联合、纵向联合以及合并兼并等方面活动的权力。同时，由于自然垄断行业的行为是属于全国范围的，因此最高法院应该组织专门的反垄断法庭，铁路企业可以在规制部门出现违法行为的情况下提起申诉。另外，反垄断委员会还可以通过反垄断法庭来质疑现有的部门规章与行政法规，通过中立的司法渠道获得公正判决。

实现对铁路产业规制的监督，通过消费者协会或行业协会、智库等民间渠道着手效果更好。如果由政府设立独立的铁路规制监督机构，或多或少都会与政府部门产生利益上的瓜葛。行业协会代表规制客体的利益，必然会全力监督规制主体的行动，而消费者协会则可以聚集广大消费者的力量，维护消费者的权益。

五、出台特殊法人企业单项法律

特殊法人企业是我国国企典型的组织形式。“特殊法人兼有私法人和公法人、公益法人和营利法人、财团法人和社团法人的特点。”特殊法人企业是由国家出资并明确法人地位，不受《公司法》规范。这类企业被强制性的要求为社会提供公共产品服务，例如国防、城铁、水利等行业的企业都属于特殊法人。[①] 规范这类国有企业应依据专门制定的法规政策。

我国铁路企业是一种特殊法人企业，不是一般意义上的公司制法人企业，

---

① 吴金明．基础设施领域的特殊法人与公企业 [M]．北京：经济科学出版社，2008.

其特质和组织形式都非常特殊。《公司法》只适用于普通法人，不适合规范铁路企业的运营行为。铁路运输作为具备公共服务特征的行业，一方面无法实现完全市场化的经营模式，但另一方面铁路规制改革又把铁路大力推向市场化。作为特殊的行业，铁路运输不是普通的竞争性行业，因此要想政企分开、独立核算、放松规制、科学管理，就应该根据特殊法人企业的特点依据专项法律开展业务。

我国政府需要设立特殊法人企业专门的法律法规，有效界定政府和铁路企业间的关系，确保在与国家战略需求有关的运输领域中实现真正的权责利分明。如果铁路因为承接国家运输任务而遭受损失，可以获得国家的补贴和赔偿，但在其他的运输领域，铁路依然要遵循正常市场化运作。因此，可以根据业务种类和区域特征，成立一些特殊法人性质的铁路企业，构建新的竞争格局。

第七章　结论与展望

从保路运动成为辛亥革命的导火索，到 1975 年邓小平从铁路切入展开拨乱反正，从青藏铁路促进民族交融以及形成的国际战略威慑，到 2008 年金融危机后奥巴马政府推出的高铁干线计划，铁路在世界各国的国民经济发展与社会稳定维护等方面都具有重要的战略意义。

近些年来，我国铁路尤其是高铁一再拓展，面临的替代竞争也不断加剧，当前的政府规制已经制约了铁路的发展，由此引发了价格机制不合理、巨额债务持续增长、内部缺乏竞争、供需出现矛盾等问题。中国铁路总公司 2019 年年报显示， 2019 年度收入 11348.41 亿元，同比增长 3.6%，其中货运收入同比增长 2.9%。2019 年底中国铁路总公司负债突破 5 万亿，税后净利润仅为 25.24 亿元。总资产收益率和总资产报酬率依然很低，流动比和速动比也远远低于企业合理化财务指标。在当前经济下行压力下，中国铁路改革迫在眉睫。

本书分四步对中国铁路进行剖析：一是自然垄断行业的特征，二是铁路的自然垄断特性，三是国外的实证经验，四是中国铁路规制的成本绩效分析。

第一，自然垄断行业的特征。自然垄断分为强自然垄断和弱自然垄断。根据经济学基本原理：产品价格与边际成本相等时社会的总福利最大，但对于强自然垄断企业，定价会依据平均成本，高于边际成本，因为若以边际成本定价，企业可能会亏损。而弱自然垄断企业的边际成本不低于平均成本，因此不会产生上述矛盾。针对这一矛盾，政府规制必须在社会福利和企业利益之间找到均衡。由此产生了四种规制理论，即：公共利益理论、部门利益理论，放松规制理论，以“最高价规制和特许投标规制”为主要措施的激励性规制理论。

第二，铁路的自然垄断特性。成本劣加性是自然垄断的充分条件，通过“固定成本、沉没成本、可变成本、联合成本”的测算，铁路产业的自然垄断性是毋庸置疑的。但整体自然垄断并不意味着所有环节均为自然垄断。铁路可以细分为五个产业领域，也就是“路网基础、行车组织、客运服务、货运服务和增值服务”，从规模经济与范围经济分析这五个领域，路网基础、行车组织是强自然垄断，客运服务、货运服务是弱自然垄断，增值服务则完全不具备自然垄断性。

根据特性分析，我们提出了铁路产业规制的基本思路：为了保证社会福利最大化和企业盈利，当铁路产业进入有障碍时，需要价格规制，不需要进入规制，让价格不低于边际成本；当进入无障碍且具备可维持性时，则不需要任何规制，借助潜在进入者的威胁迫使垄断企业价格靠拢边际成本；当进入无障碍且不具备可维持性时，价格规制和进入规制都需要，用价格规制迫使企业制定不低于边际成本的价格，用进入规制保证现有企业不被挤出市场。

第三，实证经验。回顾主要发达国家的铁路规制，始终都是效率与公益并存，政府失灵或市场失灵常伴规制左右。他们的主基调都是放松规制，对自然垄断业务引入竞争，用激励性规制手段来刺激产业发展，对非自然垄断业务放开市场。以取得一定成功经验的美国、日本和欧洲为研究对象：美国地广人稀、货运为主、产权私有、网运合一；日本地少人多、客运为主、产权混合、网运合一；欧洲城镇化程度较高、客货均衡、产权私有、网运分离。目前存在的问题是美国心有余力不足，国家高铁投资计划流产；日本民营化后，国家铁路公司债务有增无减；欧洲铁路私有化碰壁，过度竞争导致事故频发。

第四，中国铁路规制的成本绩效分析。首先，分析中国铁路产业规制的成本收益，把垄断引起的经济负效应与政府规制的潜在收益汇总，计算出成本远远大于收益的结果，这说明我国铁路产业的政府规制需要优化。其次，分析中国铁路产业规制的运营绩效。测算资源配置效率显示：中国铁路运输产能不足、基础设施有效供给不足。测算分配效率显示：政府定价方式使收入分配既不公平也无效率。测算关键的生产效率时，我采用了“数据包络分析”方法，最后软件分析得出结果：中国铁路产业规制改革的30多年来，各阶段的效率值比较接近，只有2002年、2003年两年铁路呈规模收益递增态势，个别年份呈现弱有效态势，其他大部分时间规模收益是递减的。可见，铁路产业的六次规制改革没能使铁路整体生产效率获得实质性提高。

综合以上的规范和实证研究，中国铁路产业规制绩效低下的影响因素体现在体制和体系两个方面。从体制分析，问题为：规制主客体缺位，监督机构缺乏，法律法规滞后；从体系分析，问题为：制度设计不合理，价格规制方法落后，进入规制过于严格。现实操作中，世界各国的铁路规制核心始终是效率与公益并存，政府失灵或市场失灵常伴规制左右。因此，要从有为政府与有效市场两方面深化中国铁路产业规制改革，作者的建议总结为：一体两翼四通八达。

一体：是指基本原则，把满足消费者的横向选择权和纵向选择权作为基本原则。其实，无论是网运分离还是政企分开，无论是有效竞争还是放松规制，都是手段，不是目的。我们的终极目的是通过节约交易成本来满足消费者的需要，实现企业运营绩效与公共利益之间的均衡。

两翼：是指在空间和时间上递进展开。改变能改变的，接受不能改变的，空间维度上采用经纬线模式，纵线分离兼顾横线分割，例如：整体上借鉴欧洲模式，沿海地区仿效日本模式，西部结合美国模式，对症下药；时间维度上导入时间轴，保持有序推进，如网运分离要从会计分离过渡到组织分离再到机构分离。

四通八达：是指四个方面的八个举措。

——价格方面：放松价格规制，推向市场定价。（1）强自然垄断的路网基础领域，采取价格上限规制的动态价格浮动模式；（2）针对弱自然垄断的客运服务、货运服务实行价格放开，以市场定价为主、宏观调控为辅。

——进入方面：打通融资渠道，放开特许经营。（1）改善产权制度，积极推进混合所有制；（2）消除资本进入壁垒，通过“剥离一部分、盘活一部分、降息一部分、引资一部分、市场化一部分”来化解巨额债务。

——结构方面：构建多对多的“经纬线”模式，加快网运分离。（1）对非公益性的线路，以“网运分离”为主横向分割为辅，公益性较强的线路则仍然采用网运合一模式。（2）重构规制主体，解决副部级的“国家铁路局”规制正部级的“中国国家铁路集团有限公司”的拧巴现象。

——立法方面：完善规制规则，加强执法力度。（1）研究制定中国铁路专项产业政策，完善中国国家铁路集团有限公司特殊法人企业专项法律；（2）设立独立的立法、执法及规制监督机构。

中国铁路产业有着巨大的发展潜力和余力，整体形势和市场向好，把握机遇、顺应潮流，迅速行动、深化改革，必将对新时代中国经济的腾飞带来巨大的促进作用。

参考文献

[1] 文学国，何辉. 政府规制：理论、政策与案例 [M]. 北京：中国社会科学出版社，2012.

[2] 耿坤. 高速铁路的社会效益研究——以京广高速铁路为例 [J]. 天津经济，2013（4）：44–46.

[3] 植草益. 微观规制经济学 [M]. 北京：中国发展出版社，1992.

[4] 荣朝和，张梦龙. 铁路改革必须重视相应产权关系的重构 [J]. 北京交通大学学报（社会科学版），2012（2）：1–7.

[5] 魏晓洁. 关于我国铁路运价改革的几点思考 [J]. 综合运输，2011（11）：51–56.

[6] 李平. 论放松规制——政府规制改革方向 [J]. 东莞理工学院学报，2007（6）：28–32.

[7] 阎桂芳. 政府规制概念辨析 [J]. 生产力研究，2009（6）：15–16，44.

[8] 王健，陈剑. 构建中国特色的政府规制理论 [N]. 光明日报，2008–10–22（9）.

[9] 荣朝和，武剑红. 我国铁路债务危机处置与加快铁路改革的思路 [J]. 综合运输，2012（1）：27–32.

[10] 白雪洁，王燕. 中国交通运输产业的改革与发展 [M]. 北京：经济管理出版社，2010.

[11] 刘伟. 基于纵向垄断市场结构的规制定价研究 [D]. 重庆：重庆大学，2003.

[12] 彭月. 铁路投资项目国民经济评价方法研究 [D]. 成都：西南交通大学，2010.

[13] 周新军. 铁路产业投资基金：控股权、收益权与制度补偿 [J]. 经济理论与经济管理，2012（11）：23–31.

[14] 刘海莺. 中国铁路产业规制改革研究 [D]. 沈阳：辽宁大学，2007.

[15] 曾进. 自然垄断行业国有经济与政府规制体制改革研究——以铁路行业为例的考察 [D]. 长春：吉林大学，2004.

[16] 蔡含篇，姜海兴. 由美国铁路规制改革探讨中国铁路的规制问题 [J]. 企业导报，2011（15）：6.

[17] 蒋华. 中国铁路产业规制改革问题研究 [D]. 杭州：浙江大学，2003.

[18] 吴景海. 我国铁路行业的经济特性分析 [J]. 铁道经济研究，2010（2）：21–23.

[19] 姜琪. 中国铁路运输业规制效率问题研究 [D]. 济南：山东大学，2010.

[20] 周浩，郑筱婷. 交通基础设施质量与经济增长：来自中国铁路提速的证据 [J]. 世界经济，2012（1）：78–97.

[21] 毛晓波. 我国铁路行业引入竞争的规制问题研究 [D]. 苏州：苏州大学，2012.

[22] 刘迪瑞. 政府规制下的日本国有铁路经营 [J]. 江西社会科学，2009（12）：163–167.

[23] 肖兴志. 中国铁路产业规制模式的动态演进——从内生规制到外生规制 [J]. 财经问题研究，2005（10）：57-62.

[24] 刘华，幺培基. 中美铁路行业治理制度及其效率的比较分析 [J]. 北京交通大学学报（社会科学版），2007（1）：5-10.

[25] 孙敏，王玲，张迪. 关于铁路公益性理论的研究 [J]. 铁道运输与经济，2015（1）：1-4，65.

[26] 舒英杰. 关于我国铁路规制改革问题的研究 [D]. 成都：西南财经大学，2007.

[27] 李璐，欧国立. 基于机会成本的铁路公益性运输收益损失计算方法 [J]. 铁道经济研究，2014（6）：37-39.

[28] 刘秉镰，刘玉海，穆秀珍. 行政垄断、替代竞争与中国铁路运输业经济效率——基于SBM-DEA 模型和面板 Tobit 的两阶段分析 [J]. 产业经济研究，2012（2）：33-42.

[29] 郭庆，李永超. 客运市场铁路与公路、民航竞争的实证分析——基于铁路运输业规制改革的视角 [J]. 东岳论丛，2012（10）：147-150.

[30] 周小梅，郝绪跃. 中国铁路产业绩效的影响因素分析 [J]. 广州：贵州财经学院学报，2013（1）：78-84.

[31] 樊明子. 铁路行业的政府管制改革与反垄断规制研究 [D]. 广州：暨南大学，2011.

[32] 谭克虎，彭光良. 国外铁路管制改革及其启示 [J]. 当代财经，2006（1）：27-32.

[33] 陈莹. 论我国铁路产业的政府管制和反垄断法规制 [D]. 北京：中国政法大学，2004.

[34] 褚楠楠. 我国高速铁路成本效益研究 [D]. 石家庄：石家庄铁道大学，2013.

[35] 殷继国. 自然垄断行业不对称规制理论与实践 [J]. 经济经纬.2010（4）：149-152.

[36] 于良春，张伟. 中国行业性行政垄断的强度与效率损失研究 [J]. 经济研究.2010（3）：16-27，39.

[37] 王会宗. 行政垄断与经济效率——基于中国铁路运输业的实证分析 [J]. 经济问题，2009（12）：20-24.

[38] 赵欣颖. 转型时期政府规制失灵与规制改革路径分析 [D]. 长春：吉林大学，2011.

[39] 杨淑云. 中国电力产业行政垄断及其效率影响分析 [D]. 济南：山东大学，2010.

[40] 盛广耀. 高速铁路对城市群发展的社会影响分析 [J]. 城市 ,2014（6）：20-23.

[41] 吴绪亮，田明君. 反垄断、规制与产业组织研究新进展——中国工业经济研究与开发促进会 2005 年年会暨产业组织与政府规制研讨会学术观点综述 [J]. 中国工业经济 ,2005(11):43-50.

[42] 胡俊龙. 浅谈中国高铁“走出去”对经济的影响 [J]. 现代营销(下旬刊)，2015（5）:88-9.

[43] 吴汉洪. 西方寡头市场理论与中国市场竞争立法 [M]. 北京 : 经济科学出版社 ,1998.

[44] 荣朝和. 关于铁路规模经济与范围经济的探讨 [J]. 铁道经济研究 ,2001（4）:5-8，18.

[45] 齐振法，赵坚.规模经济、组织成本与铁路企业边界[J].北京交通大学学报（社会科学版）,2010（1）：1–5.
[46] 丁启军.基于规制视角的行业性行政垄断问题研究[D].济南：山东大学,2011.
[47] 贺大兴，姚洋.社会平等、中性政府与中国经济增长[J].经济研究，2011（1）:44–17.
[48] 姜琪.中国铁路运输业生产率指数研究[J].山东经济,2011（3）:60–66.
[49] 孙玉升.中国铁路产业激励性规制改革研究[D].沈阳：辽宁大学，2011.
[50] 蔡中为.关于当前中国高速铁路建设与发展的思考[J].科学发展，2011（12）:39–46.
[51] 梁丹丹.基于DEA的铁路对区域社会经济影响效率评价——以京沪铁路沿线区域为例[J].北京：北京北京交通大学，2012.
[52] 李亚妹.加强税收筹划管理，合理控制铁路企业税负水平[J].经济研究导刊，2012（8）：94–96.
[53] 于良春，姜琪.双侧市场势力、非对称竞争与改革路径选择——论中国铁路运输业的困境与改革[J].中国工业经济，2013（4）：133–145.
[54] 刘玉杰，谢亚伟.铁路客专项目地方投融资平台可持续性研究[J].石家庄铁道大学学报（社会科学版），2013（3）：110–34.
[55] 史传彪.铁路运输企业成本管理中的问题及对策探索[J].产业与科技论坛，2014（16）：215–216.
[56] 刘哲晓.浅谈铁路运输收入管理与铁路经济效益[J].中国新技术新产品，2014（13）:171.
[57] 汪建丰,李志刚.沪杭高铁对沿线区域经济发展影响的实证分析[J].经济问题探索，2014（9）：74–77.
[58] 肖兴志.中国铁路产业规制：理论与政策[M].北京:经济科学出版社,2004.
[59] 覃蓉芳，万宇.铁路运输企业之间市场竞争的博弈分析[J].数量经济技术经济研究，2003（7）:72–77.
[60] 干春晖,吴一平.规制分权化、组织合谋与制度效率——基于中国电力行业的实证研究[J].中国工业经济，2006（4）:23–28.
[61] 刘世锦.中国铁路改革与重组模式：第三种选择[J].中国工业经济，2003（3）：28–33.
[62] 宋胜,荣朝和.日本的特殊法人制度和铁路改革新动向[J].中国铁道科学，2003（5）：7.
[63] 林晓言,荣朝和.中日铁路项目国民经济评价方法比较与分析[J].北京交通大学学报，2001（5）：6–10.
[64] 岳媛媛，魏景赋.美国铁路发展史上的政府管制问题探讨[J].物流技术，2005（1）：89–91.
[65] 刘迪瑞.日本国有铁路的公共性和企业性与民营化改革[J].当代财经，2005（1）：

18–24.
[66] 张朝辉，武剑红. 建国以来新建铁路财务效益分析初探 [J]. 铁道经济研究，2000（1）：3.
[67] 约瑟夫·斯蒂格利茨. 促进规制与竞争政策——以网络产业为例 [J]. 数量经济技术经济研究，1999（10）：51–57.
[68] 黄民，魏瑜. 对我国铁路大提速的几点认识 [J]. 铁道经济研究，2004（5:22–5，14.
[69] 陈国波，杜文. 浅议“主辅分离”改革与提高铁路核心竞争力 [J]. 西南交通大学学报（社会科学版），2004（2）：60–63.
[70] 荣朝和. 初探铁路产权关系的特殊性 [J]. 综合运输，2006（1）：27–31.
[71] 许引旺. 自然垄断的价格管制模型及其在我国的适用性分析 [J]. 价格月刊，2005（7）：223–24.
[72] 让－雅克·拉丰，让·梯若尔. 政府采购与规制中的激励理论 [M]. 石磊，王永钦，译. 上海：上海人民出版社，2004.
[73] 张维迎. 产权、政府与信誉 [M]. 北京：生活·读书·新知三联书店，2001.
[74] 刘伟. 基于纵向垄断市场结构的规制定价研究 [D]. 重庆：重庆大学，2003.

致 谢

我不是一个聪明人，喜欢下笨功夫。2013 年，文老师在讲授政府规制与改革的课程时，我便把垄断行业的规制改革作为重点研究方向。在这几年里，时代发生着大变革、大发展、大调整，信息技术带来的新旧思维的剧烈碰撞，引致新老体制的变革需求。在此期间，随着知识的积淀和视野的开阔，我对中国铁路产业规制改革的理解也在不断加深，充满对理论知识与实践探索的敬畏。

文老师有两句朴实的话让我刻骨铭心：“你们大家书还是读的少”“那么你说应该怎么办”。这一方面是警钟，提醒我不断反省自己；另一方面是诤言，告诫我发现问题更要有解决方案。诚如斯言，只有常笃学慎思、明辨尚行，才能让思想秩序和行动秩序保持一致。我曾面临消灭选择的重要阶段，文老师以其丰富的人生阅历和渊博的知识给予我指导。成长的关键往往在于和谁在一起，人生能得遇文老师这位宽容随和、品行高尚、亦师亦友的导师，是我的幸运。

我能够完成本研究，还受益于校内外其他师长的赐教。中国社会科学院研究生院谢朝斌教授曾多次提醒我“无论今后做任何事，都不要停下学术研究”，从开题到出书，谢老师给了我很大的鼓励和帮助。中国社会科学院研究生院黄晓勇院长、中国财政科学研究院所孙洁教授、中国人民大学经济学院吴汉洪教授等师长对本研究提出了重要的建设性意见和指导，对此我铭记于心。感谢蔡昉教授、高培勇教授、刘迎秋教授、张宇燕教授、郑秉文教授、杨春学教授等学术专家，您的课程和指导让我倍受启发。

在此，要特别感谢李春林院长，您深深影响和激励着我们。我特别记着您的话“领导和管理离不开实践”，今后，我会更加注重脚踏实地、身体力行、守正出奇。

饮水思源，感谢在经济学发展历程当中，撒进辛苦汗水的中西先哲们，正是从他们的理论探索当中，从他们的身体力行当中，我们汲取到了可贵的智慧和文明。

读书期间，我担任了班长、党支部书记和学生会主席，班级在校史上创纪录地包揽了足球赛、羽毛球赛、英语配音大赛、篮球赛等比赛的桂冠，我每想起元旦晚会上的集体诗朗诵《和你在一起》就会激情燃烧。感谢我身边的朋友和同学，通过你们，我进一步确定了目标并毫不动摇地坚守价值观。

感谢 QQ 一家在关键期给予我无私的关怀。我以往和今后取得的所有成绩都归功于我的家人。最后，我以最大的诚意感谢我的母亲，“她是平凡的家长，也是伟大的亲人，在我三十多年并不算恭敬挚孝的人生中，她始终是我最尊敬和值得学习的人”。

张　然

2016 年 5 月

后　记

本研究实际完成于2016年5月，当时的一些研究观点或者当前数据有一定的变动，或者有的目标近年来已经实现，例如：2019年6月，中国铁路总公司改制成立中国国家铁路集团有限公司；《铁路法》等规制修订工作已经持续推动；2016年以来，在高铁快速发展的带动下，国家铁路客运和货运总量持续增长，经济指标向好。当前，受中美关系和新冠肺炎疫情等因素影响，国际国内形势异常严峻，中国改革创新节奏陡然加快，铁路以其突出的战略地位、庞大的经济体量，有必要有条件成为本轮改革创新的排头兵。尤其是铁路政企分开这一步，虽然已经实现，但近几年来，深层次的规制改革进展并不大，有着巨大的新动能释放空间。

在2016年应用经济学博士毕业后，我到北京大学经济学院做理论经济学博士后，师从董志勇院长，主要从事中国民间投资研究。这一阶段，在董老师的关怀和指导下，自己的研究能力和水平得到了大幅提升，我将在下一本书《新改革时代的中国民间投资》中再次向董老师详以致谢致敬。在民间投资研究中，也是触及垄断和规制的深水区改革，这促使我对铁路产业规制研究有了更多新思考，本书视为一个阶段性的思考总结。

在文老师和谢老师的推动下，本研究今年得以成书，在此深表谢意。特别感谢肖峰博士、张洪武博士两位校友帮助出版发行。衷心感谢经济日报出版社各位老师高效负责的工作。成稿颇为仓促，不足之处很多，我将在修订版中进行完善。

张　然

2020年7月20日